黄信恒 著

制造业高质量发展创新驱动路径研究

——以河南省为例

延边大学出版社

图书在版编目（CIP）数据

制造业高质量发展创新驱动路径研究 ： 以河南省为
例 / 黄信恒著. -- 延吉 ： 延边大学出版社，2024.7.
ISBN 978-7-230-06802-4

I. F426.4
中国国家版本馆CIP数据核字第202474SX06号

制造业高质量发展创新驱动路径研究：以河南省为例

著　　者：黄信恒
责任编辑：张海涛
封面设计：文合文化
出版发行：延边大学出版社

社　　址：吉林省延吉市公园路 977 号　　　邮　编：133002
网　　址：http://www.ydcbs.com　　　　　E-mail：ydcbs@ydcbs.com
电　　话：0433-2732435　　　　　　　　传　真：0433-2732434
印　　刷：廊坊市广阳区九洲印刷厂
开　　本：710 毫米 ×1000 毫米　1/16
印　　张：11
字　　数：200 千字
版　　次：2024 年 7 月第 1 版
印　　次：2024 年 9 月第 1 次印刷
书　　号：ISBN 978-7-230-06802-4

定　　价：78.00 元

前　言

　　制造业作为国民经济的重要支柱产业，对于推动经济持续增长、提升国家竞争力具有不可替代的作用。在当前全球经济深度调整、科技快速进步的大背景下，河南省制造业正面临着前所未有的发展机遇和挑战。当前，创新驱动已成为加快实现制造业高质量发展的关键路径。深入探讨河南省制造业高质量发展创新驱动的路径与方法，对于推动河南省乃至全国制造业的转型升级具有重要意义。

　　河南省作为中国的重要工业基地之一，制造业基础雄厚，门类齐全。近年来，随着一系列政策措施的实施，河南省制造业在技术创新、产业升级等方面取得了显著成效。然而，与国内外先进地区相比，河南省制造业仍存在诸多不足：一是创新能力不足，关键核心技术受制于人；二是产业结构不合理，高端制造和智能制造发展滞后；三是资源环境约束加剧，可持续发展面临压力；等等。这些问题严重制约了河南省制造业的高质量发展。

　　本书以河南省为例，研究了制造业高质量发展创新驱动的路径与方法。本书参考了大量文献，系统地梳理了制造业高质量发展的理论框架与实践基础，分析了河南省制造业的现状与高质量发展创新战略，从产业结构调整与优化、技术创新与研发体系建设、人才培养与创新团队建设、科技成果转化，以及智能制造和绿色制造六个方面进行了具体探索，结合河南省制造业的发展特色与资源优势，提出了比较有针对性的制造业高质量发展创新驱动策略，以期为河南省制造业的转型升级和高质量发展提供建议。本书不仅是对河南省制造业高质量发展路径的深入研究，更是对创新驱动发展战略在制造业领域具体实践的探讨，对于制造业相关研究者和工作者具有一定的参考价值。

目 录

第一章 制造业高质量发展创新驱动概述

第一节 制造业高质量发展的核心要素、内涵与要求

一、高质量发展的核心要素

高质量发展是对经济社会发展方方面面的总要求，它一方面是回应党和国家重大战略需要的产物，另一方面是国内学术理论界对中国发展进行深入思考的成果。高质量发展是我国近年来经济转型与升级的核心理念，其理论价值和现实意义主要体现在对经济发展模式的深刻反思和超越等方面。在推动不同行业或领域高质量发展的过程中，有几个核心要素至关重要，它们构成了高质量发展的基石，是高质量发展的动力源泉。

（一）创新驱动

创新是引领和推动高质量发展的第一动力。在新一轮科技革命和产业变革加速推进的背景下，创新已经成为引领发展的核心力量。高质量发展的着力点在于依靠科技创新驱动，推动产业转型升级和提高全要素生产率。具体而言，创新驱动的核心要素包括以下几个方面：

首先，要加强基础研究和应用基础研究，提高原始创新能力。只有掌握核心技术和关键领域的自主知识产权，才能在激烈的国际竞争中立于不败之地。

其次，要加快科技成果转化，推动产学研用深度融合。通过构建高效的创

新体系，促进科技创新与产业发展的紧密结合，实现科技成果的快速转化和应用。

最后，要培养创新型人才，激发创新活力。人才是创新的根本，要通过教育改革、人才培养等方式，培养一批具有创新精神和创新能力的人才，为高质量发展提供源源不断的智力支持。

（二）结构优化

结构优化是高质量发展的关键所在。高质量发展要求实现经济结构的优化升级，提高经济发展的质量和效益。具体而言，结构优化的核心要素包括以下几个方面：

首先，要优化产业结构，推动传统产业转型升级和新兴产业发展壮大。通过发展高端制造业、现代服务业等新兴产业，提高产业附加值和竞争力，推动经济向更高层次迈进。

其次，要优化区域结构，促进区域协调发展。通过实施区域协调发展战略，缩小区域发展差距，实现全国范围内的经济均衡发展。

最后，要优化城乡结构，推动城乡融合发展。通过推进城乡一体化、乡村振兴等战略，缩小城乡发展差距，提高农村居民的生活水平，实现城乡共同繁荣。

（三）绿色发展

绿色发展是高质量发展的内在要求。面对日益严峻的环境问题，我们必须走绿色发展之路，实现经济、社会和环境的协调发展。具体而言，绿色发展的核心要素包括以下几个方面：

首先，要推动形成绿色发展方式和生活方式。通过推广清洁能源、节能减排等措施，降低能源消耗和减少污染物排放，提高资源利用效率，实现经济发展与环境保护的双赢。

其次，要加强生态环境保护和修复。通过实施重点生态工程、加强自然保护区建设等方式，保护生态系统的完整性和稳定性，提高生态环境质量。

最后，要完善绿色发展的政策体系。通过制定和完善相关法规、政策等，引导企业和个人积极参与绿色发展，形成全社会共同推动绿色发展的良好氛围。

（四）开放合作

开放合作是高质量发展的必由之路。在全球经济一体化加速推进的背景下，高质量发展必须坚持开放合作的理念，加强与国际社会的联系和交流。具体而言，开放合作的核心要素包括以下几个方面：

首先，要积极参与全球经济治理体系改革和建设。通过推动多边贸易体制完善、加强国际经济合作等方式，提升我国在全球经济治理中的话语权和影响力。

其次，要深化与各国的经贸合作。通过加强贸易往来、投资合作等方式，建设更高水平的开放型经济新体制，实现互利共赢。

最后，要加强人文交流和国际传播。通过推动文化交流、教育合作等方式，增进各国人民之间的相互了解和友谊，为高质量发展营造良好的国际环境。

（五）人才支撑

人才是高质量发展的核心支撑。高质量发展需要一支高素质、专业化的人才队伍来推动和实现。具体而言，人才支撑的核心要素包括以下几个方面：

首先，要加强人才培养和引进。通过高等教育、职业教育等渠道培养高素质人才，同时积极引进海外优秀人才和智力资源，为高质量发展提供强有力的人才保障。

其次，要优化人才配置和使用机制。通过建立完善的人才市场体系、激励机制等，促进人才资源的优化配置和高效利用，激发人才的创新创造活力。

最后，要营造良好的人才发展环境。通过提供优质的公共服务、建设宜居、宜业的城市环境等方式，吸引和留住更多优秀人才为高质量发展贡献力量。

创新驱动、结构优化、绿色发展、开放合作与人才支撑是高质量发展的核心要素。这些要素相互关联、相互促进，共同构成了高质量发展的内在逻辑和动力机制。

二、制造业高质量发展的内涵与要求

制造业是指机械工业时代利用制造资源，按照市场要求，通过制造过程，为人们提供可供使用和利用的大型工具、工业品与生活消费产品的行业。制造业直接体现了一个国家的生产力水平，是区别发展中国家和发达国家的重要因素，在世界发达国家的国民经济中占有重要份额。高质量发展是指在保持经济增长的同时，实现资源利用的高效率、产业结构的优化升级和企业竞争力的增强。虽然对于制造业高质量发展，目前还没有准确的定义，但有一点非常明确，即制造业高质量发展是一个复杂且多维度的概念，它涉及技术创新、产业升级、环境保护、经济效益、社会效益等多个方面。在全球化竞争日益激烈的今天，制造业高质量发展的重要性不言而喻。基于此，我们可以从以下几个方面来理解制造业高质量发展的内涵和要求：

（一）制造业高质量发展的内涵

制造业高质量发展是指在保持经济稳定增长的同时，通过技术创新、产业升级、绿色制造等手段，提高制造业的附加值、竞争力和可持续发展能力。

第一，技术创新。制造业高质量发展需要依托先进的科技手段，通过研发创新、技术升级等方式，提升制造业的技术水平和产品质量，包括推动制造业向智能化、数字化、网络化方向发展，提高制造业的生产效率和管理水平。

第二，产业升级。制造业高质量发展需要实现产业结构的优化和升级，实现由低附加值向高附加值的转变，包括发展新兴产业、改造传统产业、培育产业集群等，以提升制造业在全球产业链中的地位和影响力。

第三，绿色制造。制造业高质量发展需要注重生态环境保护，实现经济、社会和环境的协调发展。通过推广清洁生产、循环经济等绿色制造方式，可以降低能耗、减少污染，提高制造业的可持续发展能力。

第四，经济效益。制造业高质量发展需要实现经济效益的最大化，包括提高劳动生产率、降低成本、增加利润等。这就要求制造业在提高产品质量和技术水平的同时，注重优化资源配置，提高经济效益。

（二）制造业高质量发展的要求

第一，强化创新驱动。制造业高质量发展需要以创新驱动为核心，加大研发投入，推动产学研用深度融合，培养创新型人才，形成以创新为主要引领和支撑的现代化经济体系。

第二，优化产业结构。制造业高质量发展需要加快产业结构调整和转型升级，推动制造业向高端化、智能化、绿色化方向发展。同时，要加强产业链协同，提升产业链水平，增强制造业的国际竞争力。

第三，提高产品质量。制造业高质量发展需要注重产品质量和品牌建设，通过提高产品质量和附加值，增强制造业的品牌影响力和市场竞争力。这就需要企业加强质量管理，推行精益制造，提高产品可靠性和稳定性。

第四，推动绿色发展。制造业高质量发展需要坚持绿色发展理念，推行绿色制造和发展循环经济，降低能源消耗和减少污染物排放，提高资源利用效率。同时，要加强环保监管，推动企业落实环保责任，实现经济、社会和环境的协调发展。

第五，加强国际合作。制造业高质量发展需要积极参与国际竞争与合作，吸收和借鉴国际先进经验和技术，推动制造业国际化发展。同时，要加强与其他国家和地区的经贸合作，共同推动全球制造业繁荣发展。

第二节　制造业高质量发展的战略目标

在当前全球化和科技快速发展的背景下，制造业作为我国国民经济的支柱产业，其技术水平和产业结构直接影响着国家的竞争力和可持续发展能力；其国际竞争力的高低直接关系到国家的经济安全和国民经济的长远发展；其可持续发展对于国家经济的稳定和长期增长具有重要意义。因此，制定明确且切实可行的短期目标、中期目标和长期目标，对于推动制造业的技术突破和产业升级，形成具有国际竞争力的制造业集群至关重要。本节将围绕"技术突破与产业升级"，对制造业高质量发展的短期目标、中期目标和长期目标进行简要分析。

一、短期目标：技术突破与产业升级

（一）技术突破：提升核心竞争力

技术突破是制造业高质量发展的首要任务。在当前激烈的市场竞争中，只有掌握核心技术，才能提升产品的附加值和市场竞争力。因此，制造业必须加大研发投入，增强自主创新能力，突破关键核心技术，实现技术上的跨越式发展。首先，制造业应聚焦关键领域和关键环节，集中力量进行技术攻关。制造业应针对制约产业发展的技术瓶颈组织产学研用联合攻关，创造一批拥有自主知识产权的核心技术和关键产品。同时，制造业应加强国际先进技术交流与合作，引进技术，消化吸收，再创新，快速提升技术水平。其次，制造业应推动技术创新与市场需求相结合，通过深入了解市场需求和变化趋势，引导企业加快技术创新，开发适应市场需求的新产品、新工艺和新服务。最后，制造业应加强知识产权保护工作，激发企业的创新活力，形成良性的创新生态。

（二）产业升级：优化产业结构与提升价值链地位

产业升级是制造业在短期内需要完成的另一项重要任务。通过优化产业结构，提升产业链水平，制造业可以实现从低附加值向高附加值、从低端制造向高端制造的转变，提高其在全球价值链中的地位。第一，制造业应加快传统产业转型升级，通过技术改造和升级，提升传统产业的生产效率和质量。同时，制造业应鼓励企业采用新技术、新工艺和新设备，推动传统产业向智能化、数字化方向发展。第二，制造业应培育和发展新兴产业。制造业应根据国家战略和市场需求，选择一批具有发展潜力的新兴产业，对其进行重点培育和发展，并在政策扶持和市场引导下，推动新兴产业快速成长，形成新的增长点。第三，制造业应加强产业链上下游协同合作，通过建立紧密的产业链合作关系，实现资源共享、优势互补和协同发展。第四，制造业应推动服务型制造发展。制造业应通过拓展制造业的服务领域和功能，提升制造业的附加值和竞争力。例如，发展定制化生产、智能制造服务、供应链管理等服务型制造模式，以满足市场的多样化需求。

（三）政策支持与措施保障

为了实现技术突破和产业升级的短期目标，政府应为制造业提供相应的政策支持和保障措施。

其一，政府应加大财政资金支持力度，通过设立专项资金、提供贷款优惠等方式，支持制造业企业进行技术创新和产业升级。同时，鼓励社会资本参与制造业的发展，形成多元化的投融资体系。其二，政府应优化税收政策，对符合条件的技术创新和产业升级项目给予税收减免或优惠，降低企业的创新成本。同时，加强税收监管和风险防范，确保政策的公平性和有效性。其三，政府应加强产业规划和引导，通过制定产业发展规划、发布产业指导目录等方式，明确制造业的发展方向和重点任务。同时，加强行业监管和协调，避免企业恶性竞争和无序发展。其四，政府应加强国际合作与交流，通过参与国际产业合作、推动贸易和投资自由化、便利化等方式，拓展制造业的国际市场和发展空间。同时，加强与国际先进制造业的交流与合作，引进先进技术和管理经验，推动制造业的国际化发展。

技术突破与产业升级是制造业短期目标的核心内容。通过加大研发投入、推动技术创新与市场需求相结合、加强人才培养和引进等措施，可以推动制造业实现技术上的突破和跨越式发展。同时，通过优化产业结构、培育和发展新兴产业、加强产业链协同合作等方式，可以推动制造业的产业升级和价值链提升。政府在此过程中应发挥重要作用，通过提供政策支持和保障措施，为制造业的短期目标的实现创造良好的环境和条件。

展望未来，随着科技的不断进步和市场的不断变化，制造业将面临更多的机遇和挑战。因此，制造业应继续坚持创新驱动和产业升级的发展方向，不断提升自身的核心竞争力和可持续发展能力。同时，政府和社会各界应继续关注和支持制造业的发展，共同推动制造业迈向更加美好的未来。

二、中期目标：形成具有国际竞争力的产业集群

（一）产业集群的概念与重要性

产业集群是指在特定区域内，围绕某一主导产业，大量相互关联的企业和相关支撑机构在空间上集聚，并形成强劲、具有持续竞争优势的现象。产业集群的形成和发展有助于提高产业的整体竞争力，推动区域经济的快速增长。通过集群效应，企业可以共享资源、降低成本、提高效率，同时促进技术创新和产业升级。

（二）形成具有国际竞争力的产业集群的关键因素

要想形成具有国际竞争力的产业集群，首先需要进行主导产业的选择与定位。根据美国经济学家沃尔特·惠特曼·罗斯托的观点，主导产业是指能够依靠科技进步或创新获得新的生产函数，能够通过快于其他产品的"不合比例增长"的作用有效地带动其他相关产业快速发展的产业或产业群。他认为，主导产业应同时具备以下三个特征：能够依托科技进步或创新，引入新的生产函数；能够形成持续高速的增长率；具有较强的扩散效应，对其他产业乃至所有产业的增长起着决定性的作用。主导产业的这三个特征是一个有机整体，缺一不可。因此，主导产业应具备较高的技术含量、附加值和较好的市场前景，能够引领和带动相关产业的发展。

创新是产业集群发展的不竭动力，而人才是创新的根基。制造业应促进学研用深度融合，推动科技创新成果的转化和应用。同时，制造业应重视高素质人才的培养和引进，通过完善人才培养机制、优化人才结构、提高人才待遇等措施，吸引和留住优秀人才，从而为产业集群的创新发展提供充足而有力的高素质人才支撑。

（三）形成具有国际竞争力的产业集群的路径

第一，制定科学合理的产业集群发展规划，明确产业的发展目标、重点任务和保障措施。

第二，加强区域间的协同合作，打破行政壁垒，推动资源要素在更大范围内的优化配置。一方面，通过区域协同，实现产业集群的错位发展、互补发展和联动发展；围绕主导产业，加强产业链上下游协同，促进产业链上下游的整合与升级，共同打造优势产业集群。另一方面，通过引进和培育一批拥有核心技术的企业，推动产业链向高端化、智能化、绿色化方向发展；加强对产业链关键环节的建设和掌控，提升整个产业链的附加值和竞争力。

第三，积极融入全球产业链和价值链，加强与国际先进制造业的对接与合作。一方面，引进外资、技术和管理经验，提升产业集群的国际化水平；举办产业论坛、展览展示等活动，加强对外宣传和交流；鼓励企业"走出去"，拓展国际市场，提升国际竞争力。另一方面，推进产业集群的品牌建设，提升产业集群的知名度和影响力；加大市场推广力度，拓展销售渠道，提高产品市场占有率。

（四）面临的挑战与对策

在形成具有国际竞争力的产业集群过程中，我国制造业还面临着一些挑战，如技术创新不足、人才短缺、环境污染等。面对这些挑战，我国制造业可以采取以下对策：

第一，加强科技创新投入，提升自主创新能力。加大研发投入，鼓励企业开展技术研发和成果转化工作，形成一批拥有自主知识产权的核心技术和产品。

第二，完善人才培养机制，吸引和留住优秀人才。加强职业教育和技能培训，提高劳动力素质。同时，优化人才结构，提高人才待遇，提升产业集群竞争力和人才集聚吸引力。

第三，推进绿色制造，实现可持续发展。加大环保监管和治理力度，推动企业实现清洁生产、节能减排。同时，发展循环经济，提高资源利用效率。

形成具有国际竞争力的产业集群是我国制造业高质量发展中期目标的核心内容。通过主导产业的合理选择与明确定位、加强企业集聚与协作、实施创新驱动与提供人才支撑、优化政策支持与服务保障等措施，制造业可以更好地应对各种挑战，从而逐步实现这一目标。展望未来，随着全球经济的不断发展和科学技术的不断进步，我国制造业集群将迎来更加广阔的发展空间和更多的发展机遇。相信通过持续努力和创新发展，我国制造业集群将在国际竞争中取得更加优异的成绩。

三、长期目标：实现制造业的可持续发展

（一）制造业可持续发展的内涵与重要性

可持续发展是指在不损害环境的情况下，满足当下的需求，同时不损害未来世代满足其需求的能力，涉及资源的高效利用、环境的友好保护、社会的和谐共生以及经济的稳定增长等多个方面。制造业作为国民经济的主体，是立国之本、兴国之器、强国之基，是实现经济强劲、可持续、平衡、包容增长的主战场，是落实可持续发展目标的关键所在。实现制造业的可持续发展对于国家经济的长期繁荣、社会的和谐稳定以及全球环境的保护都具有重要意义。

（二）制造业可持续发展的长期目标

实现资源的高效利用和循环利用是制造业可持续发展的核心目标之一。通过采用先进的生产工艺和技术，可以降低制造业的能源消耗并减少原材料浪费，提高资源利用效率。同时，加强对废弃物的回收和再利用，形成循环经济的闭环系统，可以减少制造业的发展对环境的不利影响。

制造业的发展应与环境保护相协调，实现环境友好和低碳发展。通过推广清洁能源、减少污染排放、加强环境治理等措施，以及推动绿色制造、生态设计等理念在制造业中的应用，可以促进制造业与生态环境的和谐共生。

技术创新和产业升级是实现制造业可持续发展的重要手段。通过加大研发投入、推动产学研用深度融合、培育创新型企业等措施，可以提升制造业的技术水平和产业竞争力。同时，通过优化产业结构，推动制造业向高端化、智能化、绿色化方向发展，可以提高制造业的附加值和经济效益。

制造业的可持续发展应与社会和谐、共享发展相契合。通过加强劳动保护、提高劳动者待遇、促进就业等措施，可以保障劳动者的权益和福祉。同时，通

过推动制造业与服务业的融合发展，可以增强制造业的社会服务功能，促进社会和谐稳定。

（三）实现制造业可持续发展的路径与策略

政府应制定明确的制造业可持续发展战略和政策，为制造业的可持续发展提供政策层面的指导和支持，通过制定产业规划、出台优惠政策、加强监管等措施，引导制造业向可持续发展方向转型。

实现可持续发展已成为制造业发展的必然趋势，国际合作与交流也将成为制造业未来发展的重要方面。通过参与国际产业合作、引进先进技术和管理经验、推动贸易自由化和投资便利化等措施，可以提高制造业的国际竞争力。同时，加强与国际社会的沟通与协作，有利于制造业与其他行业共同应对全球环境挑战和可持续发展问题。

企业应树立可持续发展理念，加强可持续发展意识的培养和能力建设工作。企业可以通过建立健全可持续发展管理体系、推动绿色供应链管理、加强环境信息披露等措施，提升自身的可持续发展水平。同时，加强企业间的合作与交流，也是推动制造业可持续发展的一条重要路径。

科技创新和人才培养是实现制造业可持续发展的关键，因此政府和企业应加大科技创新投入力度，推动关键技术的突破和应用；加大人才培养和引进力度，培养一批具有创新精神和实践能力的高素质人才，为制造业的可持续发展提供人才支撑。

（四）面临的挑战与对策

制造业在实现可持续发展的过程中面临着诸多挑战，如技术创新的不确定性、环境保护的成本压力、国际竞争的激烈性等。针对这些挑战，制造业需要采取以下对策：

第一，加大政策支持力度，为制造业可持续发展提供政策保障。政府应出台更多优惠政策，降低企业创新成本，激发企业创新活力。

第二，加强国际合作，共同应对全球环境挑战。通过国际合作，企业可以共享资源、技术和经验，推动全球制造业的可持续发展。

第三，增强公众环保意识，形成全社会共同参与的良好氛围。通过宣传教育、舆论引导等方式，提高公众对制造业可持续发展的认识和参与度。

总之，实现制造业的可持续发展是一项长期而艰巨的任务，需要政府、企业和社会公众的共同努力。通过制定明确的战略和政策、加强国际合作与交流、增强企业可持续发展意识与能力、强化科技创新与人才培养等措施，我们可以逐步推动制造业向高质量、高效率和可持续的方向发展。

第三节　制造业高质量发展的重要性与紧迫性

当前，制造业高质量发展已经成为推动我国经济增长的重要动力。制造业高质量发展不仅强调经济增长的速度，更注重经济增长的质量和效益。通过优化经济结构和资源配置、提高生产效率等方式，制造业可以为我国经济增长注入新的活力。

党的十九大报告作出我国经济已由高速增长阶段转向高质量发展阶段的重大判断。推动高质量发展是我国当前和今后一个时期谋划经济工作的根本方针。"制造业是实体经济的主体，其高质量发展关系到经济高质量发展的全局，必须摆在更加突出的位置。"结合《求是》2019 年第 6 期发表的文章《大力推动制造业高质量发展》的观点，制造业高质量发展的重要性和紧迫性主要体现在以下三个方面：

一、制造业是建设现代化经济体系的重要着力点

中华人民共和国国家统计局公布的数据显示，2024 年 1 月份，我国制造业采购经理指数（PMI）为 49.2%，比上月上升 0.2 个百分点，制造业景气水平有所回升。从企业规模看，大型企业的 PMI 为 50.4%，比上月上升 0.4 个百分点，高于临界点；中型企业的 PMI 为 48.9%，比上月上升 0.2 个百分点，低于临界点；小型企业的 PMI 为 47.2%，比上月下降 0.1 个百分点，低于临界点。从分类指数看，2024 年 1 月份，我国制造业生产指数为 51.3%，比上月上升 1.1 个百分点，表明制造业生产景气度有所回升；供应商配送时间指数为 50.8%，比上月上升 0.5 个百分点，表明制造业原材料供应商交货时间持续加快。当前，我国制造业增加值约占全球比重的 30%，连续 14 年位居全球首位，我国制造业发展步伐持续加快。

制造业是推动我国国民经济增长的主导力量。制造业价值链长、关联性强、带动性大，为农业、服务业提供原料、设备、动力和技术保障，在很大程度上决定着现代农业、现代服务业的发展水平。制造业通常还是国民经济各部门中生产效率最高、提升速度最快的部门，要提高经济发展的整体效率和效益，离不开制造业的引领和支撑。

二、制造业是国际产业竞争博弈的焦点

当前，制造业国际竞争格局深刻变革。发达国家纷纷实施"再工业化"战略，加强对先进制造业前瞻性布局，抢占未来产业竞争制高点。与此同时，一些发展中国家也积极利用低成本劳动力优势，承接国际产业转移。从我国情况看，制造业经过多年高速增长，"有没有"的问题已基本解决，"好不好"的问题日益突出。无论是参与国际竞争，还是适应国内消费升级，都要求制造业加快向高质量发展转变的步伐。

制造业高质量发展强调通过技术创新、管理创新等方式提高生产效率，增强经济增长的动力。技术创新是推动制造业高质量发展的核心力量，通过引进和研发新技术、新工艺，能够提高生产过程的自动化和智能化水平，降低生产成本，提高产品质量和附加值。同时，作为制造业中知识密集、创新活跃、成长性好、附加值高的关键领域，先进制造业近些年来已然成为一国经济高质量发展的重要推动力和国家安全的重要支柱，引领未来产业发展方向。先进制造业作为先进生产力的代表、引领制造业未来发展方向的产业形态，是一国工业实力和现代化水平的重要体现、是产业链韧性和国家安全的基础。加快发展先进制造业是实现制造业发展方式转变的重要抓手，是破解制造业发展不平衡不充分问题的重要途径，也是建设现代化经济体系的重要支撑。中国制造落实高质量发展要求，关键是加快发展先进制造业。如今，我国先进制造业发展面临难得的历史机遇。当前，新一代信息技术、新材料技术、新能源技术正在带动

群体性技术突破，新的商业组织形态和商业模式层出不穷，特别是新一代信息技术和先进制造技术深度融合，智能制造、绿色制造日益成为全球制造业发展的重要方向。

三、制造业深层次结构性矛盾集中

制造业是各类资源要素最集中的领域，是供给侧结构性改革的主战场。近年来，我国制造业占国内生产总值的比重出现了过早过快下降的苗头。究其原因，主要在于制造业内部存在结构性供需失衡，一些行业产能严重过剩，同时大量关键装备、核心技术和高端产品依然依赖进口，制造业供给满足和引领消费结构升级的能力不强。

制造业高质量发展强调经济结构的优化和升级，通过调整产业结构、促进技术创新、推动绿色发展等方式，能够提升制造业的国际竞争力。在产业结构方面，制造业高质量发展能够推动传统产业向高端化、智能化、绿色化方向发展，同时培育壮大新兴产业，形成具有国际竞争力的现代产业体系。在技术创新方面，制造业高质量发展鼓励企业加大研发投入，推动产学研用深度融合，有利于提升企业的自主创新能力，从而使我国制造业在国际市场上获得更多的话语权和竞争优势。使我国产业在国际市场上更具竞争力。一方面，高端化、智能化、绿色化的产业转型提升了我国产品的质量和附加值，满足了国际市场对高品质产品的需求；另一方面，新兴产业的培育和发展为我国经济注入了新的活力，拓展了国际市场的发展空间。

制造业高质量发展注重提高生产效率，强调通过技术创新、管理创新等方式降低生产成本，增强我国制造业在国际市场上的成本竞争力。生产效率的提高不仅有助于降低产品成本，提高我国产品的价格竞争力，还有助于提高我国企业的运营效率和市场响应速度，增强我国企业应对国际市场变化的能力，从而使我国企业在国际竞争中能够更好地适应市场需求，抓住发展机遇，提升国际竞争力。

四、制造业是改善民生福祉的内生动力

制造业高质量发展不仅关注经济增长的数量和速度，更注重经济增长对民生福祉的影响。通过提高居民收入水平、改善就业环境、完善社会保障体系等方式，制造业能够使人民群众从经济增长中获得更多实惠，从而增强经济增长的内生动力。反过来，民生福祉的改善可以激发人民群众的消费潜力和创新活力，为经济增长提供广阔的市场空间和源源不断的创新动力，从而促进社会和谐稳定，为经济增长营造良好的社会环境。

制造业高质量发展注重提升产品和服务的质量，满足人民群众日益增长的多元化、个性化需求。这种需求的变化将直接拉动产业结构向更高层次升级。一方面，消费者收入水平的提高和消费观念的转变，以及对高品质、高附加值产品和服务需求的不断增加，将推动制造业向高端化、定制化方向发展。另一方面，新兴市场的开拓和消费潜力的释放，将为制造业产业结构升级提供更广阔的空间。可见，制造业高质量发展对经济增长的贡献是多方面的。

第四节　创新驱动下的制造业高质量发展理念

一、创新驱动的内涵与特征

作为新时代经济发展的核心动力，创新驱动发展不仅关系到我国经济的转型升级，更影响着全球经济的竞争格局，其内涵与特征体现了其在经济社会发展中的重要地位和作用。通过深入理解和把握创新驱动的内涵与特征，我们可以更好地实施创新驱动发展战略，推动经济社会的持续健康发展。

然而，要全面理解创新驱动的内涵与特征，还需要进一步探讨其在不同领域、不同层面的具体表现和应用。例如，在产业领域，创新驱动如何推动传统产业转型升级、培育新兴产业；在区域发展层面，如何通过创新驱动实现区域协调发展和城乡一体化；在国际竞争层面，创新驱动如何提升国家的综合实力和国际竞争力等。这些问题都需要我们进一步研究和探讨。

（一）创新驱动的内涵

创新驱动是指在知识经济发展趋势下，以创新为核心驱动力的内生型经济增长模式；具备创新特质的知识、人力资本、制度及文化因素成为经济增长中的内生驱动要素，这些要素深入经济和产业发展的各个领域，逐步推进产业结构的高级化、知识化，实现从工业经济形态向知识经济形态的转型。可见，创新驱动的内涵极为丰富，它涵盖了从理念创新到技术创新，从管理创新到文化创新的多个方面。这些创新要素相互交织，共同推动着经济社会的发展。

首先，创新驱动的核心在于科技创新。科技创新是引领发展的第一动力，是推动经济转型升级、提高社会生产力和人民生活水平的重要手段。通过不断地进行科技创新，能够推动技术进步和产业升级，提高劳动生产率和产品附加值，从而实现经济社会的可持续发展。

其次，创新驱动的关键在于体制创新。体制创新涉及政治、经济、文化等方面的变革，它有助于消除阻碍创新的体制机制障碍，激发创新活力和创业热情。通过体制创新，能够为创新驱动提供源源不断的动力。

最后，文化创新是创新驱动的重要组成部分。文化创新涉及思想观念、价值观念等方面的变革，它为创新驱动提供了精神支撑和智力支持。一个开放包容、充满创新精神的文化氛围，能够激发人们的创新热情，推动社会进步。

（二）创新驱动的特征

创新驱动的特征主要体现在以下几个方面：

第一，内生性。创新驱动是建立在自身知识和人力资本积累，以及制度和文化变迁等基础上的内生型经济增长模式。这种模式具有自我积累、自我强化、自我变革的功能，以及强大的扩散和溢出作用。它能够通过对资本和劳动力等要素的有效改造，推动经济增长机制实现由内而外的全面蜕变。

第二，创新性。创新驱动的核心在于创新，这种创新体现在科技创新、管理创新、制度创新、体制机制创新和文化创新等方面。这些创新活动相互促进，共同推动经济社会的发展。

第三，高效性。创新驱动强调通过提高生产效率和技术水平来实现经济增长。它注重发挥知识资本、人力资本和激励创新制度等无形要素的作用，推动科学技术成果加快转化为现实生产力。这种高效的经济增长方式有助于解决效率问题，提升经济增长的质量和效益。

第四，可持续性。创新驱动注重经济发展的可持续性，这种特征主要体现在产业结构的高级化、知识化和绿色化三个方面。它通过推动绿色发展、循环发展等方式，实现经济发展与环境保护的相互协调。同时，创新驱动强调社会公平和共享发展成果，确保经济发展的成果能够惠及广大人民群众。

随着全球经济的不断发展和科学技术的不断进步，创新驱动的内涵与特征也在不断丰富和深化。未来，我们还需要关注创新驱动在数字经济、人工智能等新兴领域的发展和应用，以及在全球经济治理体系中的角色和地位。

总之，创新驱动的内涵与特征是一个复杂而深刻的话题，需要我们不断学习和探索。通过深入理解和把握创新驱动的内涵与特征，我们可以更好地应对和抓住新时代的挑战和机遇，推动经济社会的持续健康发展。

二、创新驱动与制造业高质量发展的关系

（一）创新驱动对制造业高质量发展具有引领作用

创新驱动通过引领技术进步、促进产业升级和推动绿色发展等方式，为制造业高质量发展提供了强大的动力。

首先，技术进步是制造业高质量发展的核心。创新驱动通过推动科技创新，加快新技术的研发和应用，提高制造业的技术水平和生产效率。例如，智能制造领域通过引进先进的机器人技术和自动化生产线，在一定程度上实现了生产过程的智能化和精细化，提高了产品的质量和生产效率。

其次，产业升级是制造业高质量发展的关键。创新驱动通过推动产业结构优化和升级，促进制造业向高端化、智能化、绿色化方向发展；通过引进新技术、新工艺和新材料，推动传统制造业向高端化跃升，同时培育和壮大新兴产业，形成具有国际竞争力的现代产业体系。

最后，绿色发展是制造业高质量发展的必然趋势。创新驱动通过推动绿色技术研发和推广应用，促进制造业实现绿色低碳发展。例如，通过采用清洁生产技术、节能减排技术等手段，降低制造业的能耗、减少制造业的污染物排放，提高制造业的资源利用效率，推动制造业向可持续发展方向迈进。

（二）制造业高质量发展对创新驱动具有推动作用

制造业高质量发展既受益于创新驱动的引领，又为创新驱动提供了广阔的实践平台。

首先，制造业高质量发展为科技创新提供了市场需求。随着消费者需求的不断升级和市场竞争的加剧，制造业对新技术、新产品和新服务的需求日益迫切。这种市场需求为制造业的科技创新提供了源源不断的动力，同时推动科技创新不断取得新突破。

其次，制造业高质量发展为人才培养提供了实践平台。制造业作为实体经济的主体，拥有大量的生产实践场景和丰富的实践经验。创新驱动本质上是人才驱动，这些实践场景和经验为人才培养提供了宝贵的资源，有助于制造业培养出一批既懂技术又懂市场的复合型人才，从而为制造业创新驱动发展提供有力的人才保障。

最后，制造业高质量发展为制度创新提供了实践基础。制造业在发展过程中面临着诸多体制机制问题，如市场准入、产权保护、融资难等，而要解决这些问题，制造业必须进行制度创新和获得政策支持。制造业高质量发展的实践为制度创新提供了丰富的素材和案例，有助于推动相关政策的制定和完善，为创新驱动发展提供更好的制度环境。

三、创新驱动下的制造业高质量发展思路

（一）强化科技创新，提高制造业核心竞争力

科技创新是制造业发展的核心驱动力。为了提高制造业的核心竞争力，必须加大科技创新力度。

首先，加强关键核心技术研发。针对制造业发展中的技术瓶颈和短板，集中力量攻克一批关键核心技术，提高制造业的自主创新能力和技术水平。

其次，推动产学研用深度融合。加强企业与高校、科研机构的合作，形成产学研用一体化的创新体系，促进科技成果的转化和应用。

最后，加强知识产权保护。完善知识产权保护制度，加大对侵权行为的打击力度，为科技创新提供良好的法治环境。

（二）推进智能制造，提升制造业生产效率

智能制造是制造业发展的重要方向，也是制造业提升生产效率、降低成本的有效途径。

首先，推广数字化、网络化技术。利用大数据、云计算、物联网等新一代信息技术，实现制造业的数字化转型和网络化协同，提升生产过程的智能化水平。

其次，发展智能装备和机器人技术。引进和研发智能装备和机器人，通过人工智能技术提高生产效率和产品质量。

最后，推进生产组织方式的变革。通过柔性制造、定制化生产等新模式，满足市场的多样化需求，增强制造业的灵活性和适应性。

（三）推动绿色制造，实现可持续发展

绿色制造是制造业发展的必然趋势，也是制造业实现可持续发展的重要途径。

首先，加强节能减排和资源循环利用。推广节能技术和设备，降低能耗、减少排放；提高废弃物资源化和再利用水平，提高资源利用效率。

其次，发展循环经济。构建循环经济产业链，实现资源的循环利用和废弃物的无害化处理，推动制造业向绿色化、低碳化方向发展。

最后，加强环境监管和治理。建立健全环境监管体系，严格执行环保法规和标准，加大对违法行为的处罚力度，推动制造业的绿色发展和可持续发展。

（四）深化国际合作，拓展制造业发展空间

在全球化的背景下，深化国际合作是制造业发展的重要途径。制造业可以通过加强国际交流与合作，引进先进技术和管理经验，提高其国际竞争力。

首先，积极参与国际标准的制定。加强与国际标准化组织的合作，推动制造业相关标准和规则的制定和完善，提升我国制造业在国际市场上的话语权。

其次，拓展国际市场。利用国际合作平台，加强与其他国家和地区的经贸合作，推动制造业产品和技术走向世界。

最后，加强国际人才交流。吸引和培养具有国际视野和创新能力的优秀人才，为制造业的发展提供有力的人才保障。

（五）优化政策环境，为制造业高质量发展保驾护航

政府在制造业高质量发展过程中发挥着重要作用。为了推动制造业的高质量发展，政府有必要制定相关政策，持续优化制造业发展环境，为制造业的高质量发展提供政策保障。

首先，加大财税政策支持力度，持续完善财税支持政策。通过税收优惠、财政补贴等方式，降低企业的税负和成本，激发企业的创新活力。

其次，完善金融服务体系。加强金融机构与企业的对接，为企业提供多元化的金融服务，满足制造业发展的资金需求。

最后，加强产业规划和布局。制定科学合理的产业规划和布局方案，引导制造业向优势区域集聚发展，形成产业集群和产业链优势。

创新驱动下的制造业发展策略涉及科技创新、智能制造、绿色制造、国际合作和政策环境多个方面。做好这些方面的工作，可以推动制造业向高端化、智能化、绿色化方向发展，提高制造业的核心竞争力和国际影响力，为经济高质量发展注入强大动力。政府和社会各界应共同努力，形成合力，推动制造业高质量发展战略的顺利实施。

第二章　河南省制造业现状与高质量发展创新战略

制造业是河南省经济的支柱产业，也是河南省的传统优势产业之一。对于河南省，制造业高质量发展对推动其经济增长、提高其产业竞争力具有重要意义。在当前全球化和科技革命背景下，河南省制造业有着转型升级和创新发展的迫切需求。因此，制定和实施制造业企业高质量发展创新战略（以下简称制造业创新战略），对于河南省制造业的高质量发展具有至关重要的作用。本章将对河南省制造业的现状、优势与劣势、发展机遇和面临的挑战进行分析，并以此为基础探讨河南省制造业创新战略的核心要素及实施路径，为后续进行制造业高质量发展创新驱动路径设计与方法研究奠定基础。

第一节　河南省制造业现状分析

一、河南省制造业发展概况

（一）制造业总体规模稳步增长

河南省制造业总体规模在近年来呈现出稳步增长的态势。

2022 年 12 月 19 日，河南制造业企业 100 强榜单揭晓。从整体上看，2022 年河南制造业百强企业营业收入、资产规模和效益均实现了大幅增长，这也意味着河南制造业高质量发展的基础更加牢固。数据显示，2022 河南制造业企业 100 强入围门槛为 21.73 亿元，比上年的 12.98 亿元提高了 8.75 亿元；实现营业收入合计 16 197.62 亿元，比上年增加了 3 667.92 亿元，增幅为 29.27%；资产总额合计 17 239.39 亿元，比上年增加了 3 643.67 亿元，增幅为 26.80%；实现利润总额合计 853.26 亿元，比上年增加了 272.94 亿元，增幅为 47.03%。从数量上看，百亿级企业群体"挑大梁"。2022 年，河南省百亿级企业达到 37 家，比上年增加 7 家，其中千亿级企业 2 家。37 家百亿级企业合计实现营业收入 13 291.84 亿元，占到了制造业 100 强企业营业收入总额的 80.06%，比上年提高了 2.42%，产业集中度进一步提高。从创新上看，河南省制造业成为技术创新的主战场。2022 年，河南省制造业龙头企业创新产出聚集效应增强。拥有专利超过 500 件的前 12 家企业共持有 14 300 件专利，占全部专利的 59.05%；发明专利数超过 100 件的前 12 家企业共持有专利 5 457 件，占发明专利总数的 79.24%。2022 年，河南省民营制造业企业贡献突出。民营制造业企业入围数量达 60 家，营业收入、利润总额分别占到了制造业 100 强的 66.68%、74.94%。民营经济的快速发展，带动制造业企业效益实现大幅提升。从国际化上看，河南省制造业发展势头强劲。河南省制造业"走出去"继续保持良好势头，海外市场营收成为河南省制造业企业营收增长的重要支点。

2023 年 3 月 29 日，河南省统计局发布了一份分析报告，报告从多个维度显示，近年来河南省加快推进先进制造业大省建设，五大主导产业高质量发展成效显著，实施换道领跑战略正当其时。据报道，实施换道领跑战略是河南省应对国内外宏观环境深刻变化的要求、在国内产业链中赢得主动权的需要，是河南省重塑高质量发展新优势的必由之路。例如，2022 年，河南省战略性新兴产业整体还处于工业化进程中后期，制造业大而不强、大而不优，在技术升级和产品创新上不具有优势，产品附加值偏低。但同时，河南省近年来大力实施制造业智能化、绿色化和企业技术三大改造，推进电子信息、装备制造、汽车及零部件、食品、新材料等五大主导产业转型发展，主导产业高质量发展成效显著。

上述统计数据显示，近年来，河南省制造业总产值持续增长，占全省工业总产值的比重逐年提升。制造业已经成为河南省经济发展的重要支柱，对经济增长的贡献率不断提高。

（二）主要制造业领域优势明显

河南省制造业涵盖多个领域，其中一些领域具有显著的优势。

1.装备制造业

河南省在装备制造业方面具有较强的实力，特别是在农业机械、工程机械等领域拥有一批知名企业。这些企业通过技术创新和产业升级，不断提升产品质量和竞争力，为河南省制造业的发展作出了重要贡献。

2.食品加工业

河南省是农业大省，拥有丰富的农产品资源。因此，食品加工业一直是河南省制造业的重要组成部分。近年来，河南省食品加工业在品牌建设、市场拓展等方面取得了显著进步，一批具有地方特色的食品产品逐渐走向全国乃至国际市场。

3.电子信息产业

随着信息技术的快速发展，电子信息产业成为河南省制造业的新兴领域。河南省在电子信息产业方面加大投入，引进了一批高新技术企业，推动了电子信息产业的快速发展。目前，河南省在智能终端、半导体材料等领域已经具备了一定的产业基础和技术优势。

（三）积极推进转型升级

面对全球制造业竞争格局的变化和国内经济发展的新要求，河南省制造业正积极推进转型升级，主要体现在以下几个方面：

1. 技术创新

河南省制造业企业加大研发投入，推动技术创新和产业升级，通过引进先进技术和管理经验，提高产品附加值和市场竞争力。同时，加强产学研用合作，推动科技创新与产业发展深度融合。

2. 智能制造

河南省积极推进智能制造发展，通过引进智能装备、推广数字化技术等方式，提高制造业的智能化水平。智能制造的推广不仅提高了制造业的生产效率和产品质量，还降低了能耗、减少了排放，推动了制造业的绿色发展。

3. 品牌建设

河南省制造业企业注重品牌建设，通过提升产品质量、加强市场推广等方式，打造了一批具有影响力的品牌，不仅提高了产品的知名度，还提高了企业的核心竞争力和市场地位。

（四）制造业产业结构比较合理

1. 多元化与规模化并存

河南省制造业的产业结构呈现出多元化与规模化并存的特点。从行业分布来看，河南省制造业涵盖了食品加工、机械制造、电子信息、化工、纺织等多个领域，形成了多元化的产业结构。这种多元化的产业结构不仅增强了河南省制造业的抗风险能力，也为其提供了更多的发展机会。

河南省制造业还具备规模化发展的特点。在食品加工、机械制造等领域，河南省拥有一批大型企业，这些企业通过技术创新和产业升级，不断提高产品质量和竞争力，形成了规模化的发展态势。这些大型企业不仅为河南省制造业的发展提供了有力支撑，也带动了相关产业链的发展。

2. 传统优势产业转型升级

在河南省制造业的产业结构中，传统优势产业占据重要地位。例如，食品加工、机械制造等一直是河南省制造业的支柱产业。这些产业具有悠久的历史和深厚的基础，拥有较为完善的产业链和供应链体系；这些产业也是河南省制造业的出口主力军，为河南省的外贸发展作出了重要贡献。

此外，河南省的传统优势产业还在不断转型升级。通过引进先进技术和管理经验，提高产品质量和附加值，这些产业正逐步向高端化、智能化、绿色化方向发展。这种转型升级不仅提高了河南省制造业的竞争力，也为河南省制造业未来更好地发展奠定了坚实基础。

3. 新兴产业蓬勃发展

在保持传统优势产业健康发展的同时，河南省制造业的产业结构也在不断调整和优化，新兴产业蓬勃发展。近年来，河南省加大了对电子信息、新材料、新能源等新兴产业的培育和发展力度，这些产业逐渐成为河南省制造业的新增长点。

电子信息产业是河南省新兴产业的代表之一。随着信息技术的快速发展，河南省电子信息产业实现了快速增长，形成了一批具有竞争力的企业和产品。这些企业在智能终端、半导体材料等领域具有较高的技术水平和市场占有率，为河南省制造业的转型升级提供了有力支撑。

此外，新材料、新能源等产业也在河南省制造业中占据重要地位。这些产业具有技术含量高、附加值高、市场前景广阔等特点，为河南省制造业的未来发展提供了广阔空间。

4. 区域特色明显

河南省制造业的产业结构呈现出区域特色明显的特点。河南省不同地区的制造业发展重点和方向有所不同，由此形成了各具特色的产业集群和产业链。例如，郑州市作为河南省的省会城市，拥有较为完善的制造业体系，特别是在电子信息、汽车制造等领域具有明显优势；洛阳市以其雄厚的机械制造业基础而闻名，拥有众多知名的机械制造企业；许昌市则以食品加工业为主导产业，形成了独具特色的食品产业集群。

这种区域特色明显的产业结构有助于河南省各地发挥比较优势和资源优势，提高河南省制造业的整体竞争力；有利于河南省推动区域间的产业协作和资源共享，实现河南省制造业的均衡发展和整体提升。

5.创新驱动成为产业结构优化升级的重要动力

创新驱动是河南省制造业产业结构优化升级的重要动力。近年来，河南省人民政府高度重视制造业的创新发展，出台了一系列政策措施，鼓励企业加大研发投入，推动技术创新和产业升级。

这些创新举措为河南省制造业的发展注入了新的活力。一批具有创新能力和市场竞争力的企业脱颖而出，成为推动河南省制造业发展的中坚力量。同时，这种创新带动了河南省制造业的产业结构调整和优化，推动河南省制造业向高端化、智能化、绿色化方向发展。

（五）制造业具有良好的发展环境与政策支持

河南省为制造业发展提供了良好的发展环境和政策支持。

在政策支持方面，河南省人民政府出台了一系列支持制造业发展的政策措施，包括财政支持、税收优惠、产业引导等。这些政策措施为河南省制造业企业提供了有力的支持和保障，推动了河南省制造业的快速发展。

在基础设施建设方面，河南省加强了基础设施建设，特别是交通、能源、通信等方面的建设，为本省制造业发展提供了良好的硬件条件。便利的交通和完善的通信设施降低了制造业企业的物流成本和信息交流成本，提高了制造业企业的成本竞争力。

在人才保障方面，河南省注重人才培养和引进，通过加强高等教育、职业教育等方式培养了一批高素质人才。同时，积极引进海外优秀人才和智力资源，为制造业高质量发展提供了有力的人才保障。

二、河南省制造业的优势与劣势

（一）河南省制造业的优势

河南省位于中国中部地区，地处黄河中下游，具有得天独厚的地理优势。河南省由于交通便利，拥有完善的交通网络，铁路、公路、航空和水运多种运输方式，使其成为连接东西、沟通南北的重要交通枢纽。这种地理优势为河南省制造业的发展提供了便利的物流条件，降低了运输成本，提高了市场竞争力。河南省制造业历史悠久，基础雄厚。在长期的发展过程中，河南省形成了一批具有竞争力的制造业企业，涵盖了机械、电子、化工、食品多个领域。这些企业具有较强的技术实力和市场开拓能力，为河南省制造业的发展打下了坚实的基础。同时，河南省拥有较为完善的产业链条，上下游企业之间协作紧密，形成了良好的产业生态。

河南省人口众多，劳动力资源丰富，这为制造业的发展提供了人力资源保障。河南省坚持以教育质量的稳步提升，助力人人出彩、人人成长，从而使劳动力素质不断提高，技能水平日益提升，为制造业的发展提供了充足的高素质劳动力。同时，河南省非常注重人才培养和引进，积极实施人才强省战略，为制造业的发展提供了强有力的人才支撑。

河南省人民政府高度重视制造业的发展，出台了一系列政策措施，积极推进制造业的转型升级和创新发展，鼓励制造业企业加大研发投入，提高自主创新能力，为制造业的发展提供了有力的政策保障和良好的环境支持。

（二）河南省制造业的劣势

河南省制造业虽然具备一定的技术实力，但与国内外先进地区的制造业相比，仍显不足。一些制造业企业仍缺乏核心技术，过度依赖技术引进和模仿，在高端装备制造、新材料等领域的研发能力相对较弱，导致产品附加值较低，市场竞争力不强，在一定程度上制约了制造业的转型升级。

河南省制造业产业结构虽然比较合理，但仍有很大的优化空间。例如，传统产业比重较大，新兴产业发展相对滞后。一些传统制造业企业面临产能过剩、效益下滑等问题，亟须转型升级。同时，河南省需要注意新一代信息技术、生物医药等新兴产业领域的布局和发展，以培育新的增长点。

随着经济的快速发展，河南省制造业面临的环保压力日益增大。一些制造业企业在生产过程中产生的废水、废气、固体废弃物等污染物对环境造成了较大影响。尽管河南省在环保治理方面取得了一定成效，但环保形势依然严峻，需要其加大对环境保护的投入力度，加强环保监管，推动制造业绿色发展。

在全球化和市场化的背景下，河南省制造业面临的市场竞争日益激烈。国内外制造业企业纷纷加大技术创新和市场开拓力度，提高产品质量和附加值，争夺市场份额。河南省制造业企业必须排除万难，在激烈的市场竞争中不断增强自身实力，进一步加强品牌建设，提高市场竞争力。

综上所述，河南省制造业在地理位置、产业基础、劳动力资源和政策支持等方面具有明显优势，但也存在技术创新能力不足、产业结构不够优化、环保压力较大和市场竞争激烈等劣势。为了推动经济高质量发展，为我国制造业创新驱动发展贡献更多的力量，河南省制造业需要充分发挥优势，克服劣势，坚持并强化创新驱动，优化产业结构，加强环保治理，不断提高市场竞争力。同时，河南省人民政府需要加强对本省制造业的政策引导和支持，营造良好的发展环境，为河南省制造业的可持续发展保驾护航。

三、河南省制造业的发展机遇和面临的挑战

随着全球化和科技革命的不断深入，河南省制造业既面临着前所未有的发展机遇，也面临着非常严峻的挑战。

（一）河南省制造业的发展机遇

当前，全球制造业正经历着深刻的变革，新一轮科技革命和产业变革加速推进，给河南省制造业的产业升级与转型带来了重要契机。通过引进先进技术和管理经验，推动制造业向高端化、智能化、绿色化方向发展，可以提高河南省制造业的核心竞争力，助力河南省实现产业结构的优化升级。近年来，我国政府高度重视制造业的发展，出台了一系列支持制造业发展的政策措施，包括财政支持、税收优惠、产业引导等。这些政策措施为河南省制造业提供了良好的发展环境，有助于降低企业的经营成本，提高企业的市场竞争力。

随着全球经济一体化的深入发展，国内外市场不断扩大，为河南省制造业提供了更为广阔的发展空间。河南省制造业企业可以积极参与国际竞争，拓展海外市场，也可以通过国内市场的深度融合，实现资源的优化配置和协同发展。

（二）河南省制造业面临的挑战

随着全球制造业竞争的加剧，河南省制造业面临着来自国际市场的巨大压力。一方面，发达国家的高端制造业在技术、品牌、市场等方面具有明显优势，对我国制造业构成了较大威胁；另一方面，一些发展中国家利用低成本的优势，在低端制造业领域与我国制造业展开激烈竞争。河南省制造业在我国制造业发展中一直处在非常重要的位置，因此也深受上述两个方面挑战的影响。

河南省制造业在产业结构和技术创新上仍存在一定的问题，这不仅限制了河南省制造业的发展空间，也影响了河南省制造业的市场竞争力。

随着全球对环保和可持续发展的关注度的不断提高，河南省制造业面临着越来越大的环保压力。一方面，一些传统制造业在生产过程中产生的污染问题亟待解决；另一方面，为了实现绿色制造、循环发展、可持续发展等目标，需要投入大量的人力、物力和财力，这对河南省制造业提出了更高的要求。

（三）应对机遇与挑战的策略

面对机遇与挑战，河南省制造业应坚持以创新驱动为核心，加大研发投入，推动技术创新和产业升级。

第一，通过引进和培育高端人才，加强产学研用合作，提高自主创新能力，形成一批具有自主知识产权的核心技术和产品，提高河南省制造业的核心竞争力。

第二，在产业结构优化方面，河南省应加快推动传统产业的转型升级和新兴产业的培育发展，通过政策引导和市场机制，促进资源向新兴产业和高端制造业领域集聚，推动产业结构的优化升级。同时，加强产业链的完善和协同，形成具有地方特色的产业集群和产业链。

第三，面对国内外市场的不断扩大，河南省制造业应积极拓展市场，提高市场占有率。一方面，加强与国际市场的对接，参与国际竞争，增强河南省制造业的国际影响力；另一方面，深化对国内市场的开拓，推动区域间的产业协同和资源共享，实现市场的深度融合。

第四，面对环境保护与可持续发展的压力，河南省制造业应增强环保意识，推动绿色发展，通过加强环保技术研发和应用，推广清洁生产和循环经济模式，降低、减少生产过程中的能耗和排放。同时，加大环保监管和执法力度，确保企业遵守环保法规。

总而言之，河南省制造业应紧紧抓住机遇，积极应对挑战，促进创新驱动和转型升级，从而在激烈的市场竞争中立于不败之地，最终实现持续健康发展。

第二节 河南省制造业高质量发展创新战略的核心要素

高质量发展创新战略的实施对于提高河南省制造业产业竞争力、推动河南省乃至全国经济高质量发展具有重要意义。河南省制造业创新战略的成功实施依赖于一系列核心要素及其支撑和协同作用的有效发挥。

河南省制造业创新战略的核心要素包括技术创新、人才支撑、产学研用深度融合、创新生态环境、资金投入、市场导向、政策保障、国际合作与交流，以及组织管理与协调机制等多个方面。这些要素相互关联、相互促进，共同构成了河南省制造业创新战略的实施框架。只有充分发挥这些核心要素的作用，才能推动河南省制造业实现更高质量的创新发展。

一、技术创新

技术创新是制造业创新战略的核心要素之一。在当前科技日新月异的时代背景下，技术创新成为制造业转型升级的关键驱动力。河南省制造业需要加大研发投入，加强关键核心技术攻关，推动技术创新成果的应用和转化。同时，河南省需要积极引进国内外先进技术，吸收国内外技术创新经验，不断提高自主创新能力，形成具有自主知识产权的核心技术和产品。

二、人才支撑

人才是制造业创新发展的根本保障。河南省制造业需要重视人才队伍建设，加强创新人才的培养和引进，并建立健全人才培养机制，加强与高校、科研机构的合作，培养一批具备创新精神和创新能力的高素质人才，为更好地实施创新战略提供坚实的人才支撑。

三、产学研用深度融合

产学研用深度融合进一步强调了"用"，即"应用"和"用户"。"用"是技术创新的出发点和落脚点。用户直接参与产学研用合作，不仅能够降低技术创新的盲目性，缩短新产品从研究开发到进入市场的周期，而且能够有效降低技术创新的风险和成本。因此，产学研用融合必须以企业为主体，以市场为导向，突出"用"、强调"用"，这是推动制造业高质量创新发展的重要途径。当前，河南省制造业产业结构转型之所以面临缺乏核心技术和创新人才不足两大困境，主要是因为没有形成完善的产学研用的合作创新体系。因此，河南省制造业必须努力实现体制机制、合作模式、创新人才培养三大突破，从单纯依靠低成本和廉价劳动力，转向由巨大产学研用资源整合、凝练而形成的创新力。共建研发平台、联合开展科研项目、共享创新资源等方式有助于河南省制造业实现对创新资源的优化配置和高效利用。河南省制造业企业要加强与用户的沟通与互动，深入挖掘市场需求，推动创新成果的转化和应用。

四、创新生态环境

良好的创新生态环境是制造业创新发展的重要保障。河南省应优化创新生态环境，激发全省创新发展动能，为制造业营造有利于创新的文化氛围。河南省要加大知识产权保护力度，完善创新激励机制，激发企业和个人的创新活力；要加强创新服务体系建设，为制造业企业提供全方位的创新服务支持，帮助企业降低创新风险，提高创新成功率。

五、资金投入

资金投入是制造业创新战略实施的又一关键要素。河南省制造业创新战略的实施需要大量的资金支持，这些资金主要用于研发、人才引进、产学研用合作等方面。自 2023 年 1 月 1 日起,《河南省创新驱动高质量发展条例》(以下简称《条例》)开始施行。《条例》提出:"县级以上人民政府应当逐步提高科学技术经费投入的总体水平,各级财政用于科学技术经费的增长幅度应当高于财政经常性收入的增长幅度,优化整合财政科技资金,提高财政资金使用效能。县级以上人民政府应当采取措施,引导社会资金加大对科技、产业创新的投入";"县级以上人民政府应当统筹规划、科学布局实验室、技术创新平台、重大科技基础设施、创新孵化平台等创新平台,在政策、资金、人才、土地、场所等方面支持创新平台建设发展,建立创新平台动态管理机制。创新平台应当面向市场,按照功能定位开展基础研究、应用基础研究、关键技术研发、科技成果转化及产业化、科技资源共享服务等科技创新活动,提升创新能力和运行效能"。河南省各级人民政府应积极落实《条例》,加大对制造业在科技创新、人才创新等方面的财政支持力度,减轻企业在研发投入方面的压力。同时,鼓励社会资金支持制造业企业的研发项目,积极引导社会资本参与制造业创新,拓宽制造业企业融资渠道,降低制造业企业融资成本,为制造业企业实施创新战略提供充足的资金支持。

六、市场导向

市场导向是创新的最高准则。企业创新主要有生产力创新和生产关系创新两个方面。其中,生产力创新包括劳动资料、劳动者、劳动对象的创新,其主体是劳动者;技术创新是劳动资料和劳动对象创新的主要办法,但其目标是进行产品创新,主要体现在产品的工艺、包装、原理和功能创新等方面。首创是创新,改良是创新,模仿也叫创新。任何一家企业,其创新实力的大小,都会间接影响其产品创新。现代企业是一个开放的有机系统,系统内部任何一个要素的变化,都离不开其他要素的配合。企业的每一次创新,都是各种具体创新活动相互联系、相互影响、相互推动的结果,企业只有不断实现各种创新要素的优化配置，才能取得整体效益。河南省制造业企业的创新战略应紧紧围绕市场需求来制定、实施，以市场需求为导向，进行生产经营活动的安排，推动创新成果的转化和应用。这就要求河南省制造业企业深入调研市场需求，把握市场趋势，及时调整创新方向和产品结构，同时加强品牌建设，提升产品附加值和市场竞争力，实现创新成果的市场化、产业化。

七、政策保障

政策保障是制造业创新战略实施的重要保障。河南省应制定、完善和落实一系列支持制造业创新的政策措施，如《河南省创新驱动高质量发展条例》等。通过政策引导和支持，降低企业创新成本，提高企业创新收益，激发企业创新活力。同时，加强政策宣传和解读，使企业正确理解政策要求，确保政策落到实处，发挥实效。

八、国际合作与交流

在全球化的背景下，国际合作与交流对于河南省制造业创新战略的实施具有重要意义。首先，国际合作与交流有助于河南省制造业整合全球供应链，实现资源优化配置，降低成本，提高效率，从而增强企业的竞争力，使企业更好地应对市场变化和满足消费者的需求。其次，国际合作与交流可以促进制造业之间的技术创新与交流，提高行业整体技术水平。通过技术合作，河南省制造业企业可以更快地突破技术瓶颈，推动产业升级和转型。最后，制造业国际合作与交流有助于河南省制造业企业拓展国际市场，提高品牌知名度。通过与国际伙伴合作，河南省制造业企业可以拓展国际市场，推动河南省制造业的国际化发展。

九、组织管理与协调机制

有效的组织管理与协调机制是确保制造业创新战略顺利实施的关键。河南省应建立健全制造业创新战略的组织管理机构，明确各部门的职责和任务，形成协同推进的工作格局。同时，河南省应建立定期评估和调整机制，对制造业创新战略的实施情况进行跟踪评估，及时发现问题并采取有效措施进行解决。

河南省在实施制造业创新战略的过程中需要注意以下几点：一是要坚持问题导向和目标导向相结合的原则，针对制约制造业创新发展的关键问题制定具体可行的解决方案；二是要注重发挥企业在创新中的主体作用，激发企业的创新活力和内生动力；三是要加强创新成果的转化和应用，推动创新成果与市场需求的有效对接；四是要不断完善创新生态环境和政策支持体系，为制造业创新提供持续稳定的保障和支持。

通过深入研究和实施这些核心要素，河南省制造业创新战略将能够更好地实现转型升级和高质量发展，为河南省乃至全国的经济发展作出更大的贡献。

第三节　河南省制造业高质量发展创新战略的实施路径

河南省制造业创新战略是指在新的发展阶段，河南省制造业为应对国内外经济环境变化和市场需求升级，通过整合创新资源、优化创新环境、提升创新能力，推动制造业向高端化、智能化、绿色化方向发展的战略选择。该战略旨在通过创新引领河南省制造业转型升级，提高河南省制造业的核心竞争力和可持续发展能力。具体来说，河南省制造业创新战略的内涵包括以下几个方面：第一，技术创新：加大关键核心技术研发力度，推动制造业向高端化迈进。通过引进和消化吸收先进技术，提高自主创新能力，提升河南省制造业的技术水平和产品附加值。第二，产业创新：优化产业结构，推动制造业向智能化、绿色化方向发展。通过发展新兴产业、改造传统产业、培育产业集群等方式，提升河南省制造业的整体竞争力。第三，组织创新：推动制造业企业组织形式的变革，提升企业的管理水平和运营效率。通过引进先进的管理理念和方法，推动企业组织结构的优化和业务流程的再造。第四，市场创新：深入挖掘市场需求，推动制造业向定制化、个性化方向发展。通过市场调研、创新营销模式和手段，进一步了解并满足市场需求，拓展市场份额，提升河南省制造业的品牌影响力和市场竞争力。

制造业是工业经济的压舱石，国内一些地区通过换道领跑，建成全国乃至全球产业发展新高地，构筑起区域竞争新优势。在新一轮科技革命和产业变革中，河南省把制造业高质量发展作为主攻方向，大力实施换道领跑战略，加快构建"以未来产业为先导、新兴产业为支柱、传统产业为基础"的先进制造业体系。基于此，本节结合河南省制造业创新战略的内涵，将河南省制造业高质量发展创新战略的实施路径进行了如下归纳：

一、产业结构的调整与优化

产业结构的调整与优化是制造业高质量发展的根本。河南省作为我国制造业的重要基地，面临着从传统制造业向高技术制造业转型的重大难题。对此，河南省需要采取一系列有效措施，逐步减少传统制造业的比重，同时不断提高高技术制造业的比重，以此推动产业结构向更高端、更复杂的方向发展，实现制造业的全面提升和优化。

二、技术创新与研发体系建设

技术创新和研发体系的建设是制造业高质量发展的核心动力。河南省应该加大对研发的投入，建立完善的研发体系，加快技术成果的转化和应用，从而显著提高制造业的技术水平和市场竞争力。

三、人才培养与创新团队建设

人才是制造业高质量发展的关键。河南省需要加强人才培养机制，积极引进高层次人才，打造一支具有创新精神和卓越创新能力的高素质创新团队，为制造业的技术创新和持续发展奠定坚实的人才基础。

四、科技成果转化

科技成果的有效转化对提升制造业的发展质量和效益具有重要意义。河南省应着力加强科技成果的转化，推动科研成果快速转化为实际生产力，为制造业的高质量发展注入新的活力。

五、推进智能制造发展

智能制造是制造业发展的重要趋势，对提升制造业的自动化和智能化水平起着关键作用。河南省应积极推进智能制造的发展，提高生产效率和产品质量，进一步巩固制造业的竞争优势。

六、绿色制造实践

绿色制造是制造业高质量发展的内在要求。河南省应积极响应绿色发展的号召，推动绿色制造的实践，降低制造业对环境的影响，实现经济发展与环境保护的和谐共生。

当前，我国经济发展已经转向高质量发展阶段，制造业作为国民经济发展的重要组成部分，作为供给侧结构性改革的重要领域，在经济高质量发展目标中发挥着不可取代的作用。河南省制造业要想实现高质量发展，就要紧紧围绕"创新"这一主题，在制造业转型升级过程中，将创新提升到新的高度，以创新驱动推进制造业高质量发展。接下来，本书将从以上六个角度出发，详细探讨河南省制造业高质量发展创新驱动的具体路径。

第三章 制造业产业结构调整与优化

第一节 河南省制造业产业结构分析

当前，河南省正处于难得的历史发展机遇期，也处于转型发展、动能转换的攻关期，既有有利条件，又面临着不小的挑战。从制造业发展的演进规律来看，在工业化的前期乃至中期阶段，制造业的发展主要以数量增长为主；到了工业化的中后期阶段，工业产品的市场需求逐步饱和，数量增长日益受到市场需求以及外部各种约束条件的制约，迫切需要转向高质量发展。河南省日前已经进入工业化的中后期，虽然已经形成了完整的工业产业体系，制造业门类齐全、生产能力强，但不少产业的产能进入了相对过剩阶段，制造业成本持续快速增长，企业利润受到严重侵蚀，不少领域存在不同程度的"卡脖子"问题，高精尖和专业技能人才短缺，金融资本对制造业支持不足。本节将主要分析河南省制造业产业结构存在的问题及河南省制造业产业结构调整的影响因素，希望能够为创新驱动下的河南省制造业产业结构的优化提供参考。

一、河南省制造业产业结构存在的问题

（一）传统产业比重过大，新兴产业发展不足

根据《河南省"十四五"制造业高质量发展规划》，2016 年至 2020 年，河南省制造业产业结构明显优化。装备制造、食品等五大主导产业比重从 2016

年的 44.4% 提高到 2020 年的 46.8%，战略性新兴产业比重从 11.2% 提高到 22.4%，高技术产业增加值占工业增加值比重从 8.7% 提高到 11.1%。国家级新型工业化产业示范基地达到 13 个，基本建成装备制造、食品 2 个万亿级产业集群。

从河南省统计局公布的数据来看，2024 年第一季度，全省规模以上工业增加值同比增长 6.9%，高于全国平均水平 0.8 个百分点；制造业增长 8.2%，高于全国平均水平 1.5 个百分点。新兴产业及相关投资快速增长，全省工业战略性新兴产业增加值同比增长 7.1%，高技术制造业增加值增长 13.8%；数字经济加快发展，计算机通信和其他电子设备制造业增加值增长 24.1%；绿色低碳转型持续深入，规上节能环保产业增加值增长 15.1%。由以上数据可知，河南省规模以上工业实现较快增长。然而，河南省产业结构偏传统、产业质效不够高问题依然存在。2023 年，河南省规上工业利润总额 1764.7 亿元，排全国第 15 位，中部地区第 6 位。与 2022 年的数据相比，河南省工业利润总额下降了 30.36%。2023 年，河南省高技术制造业增加值占规模以上工业的比重是 14.7%，低于江苏（49.9%）、广东（30.0%）、浙江（16.6%）等省份。

根据《河南省经济蓝皮书（2024 年）》，河南省制造业产业转型任务仍很艰巨。全省传统产业占比高、增速偏慢，新兴产业虽增速较快，但占比小、带动有限。2023 年，占规模以上工业 50.1% 的传统支柱产业增加值仅增长 1.5%，高技术制造业、战略性新兴产业增加值虽然分别增长 11.7%、10.3%，但分别仅占规模以上工业的 14.7%、25.5%，拉动全省规上工业增长 1.6 个、2.5 个百分点，特别是技术含量高、产业带动能力强的高端装备制造业仅占规模以上工业的 2.1%，规模明显偏小。

综上所述，河南省制造业高质量发展虽然取得了一定成就，但其产业结构仍然不够合理。在河南省的制造业产业结构中，传统产业仍然占据较大比重，如煤炭、钢铁、化工等重工业以及纺织、食品等轻工业。这些传统产业在一定程度上制约了河南省制造业产业结构的优化升级。

（二）创新能力不足，制约产业结构升级

在河南省制造业的发展过程中，科技创新研发投入规模和占比仍相对较低，关键核心技术、关键共性技术、关键材料及零部件缺乏，产学研用协同创新体系亟待健全，制造业企业科技创新能力不强、对现代制造业发展的支撑能力不强。同时，虽然近年来河南省高等教育水平和人才培养质量在不断提升，引进人才的优惠政策力度在不断加大，但是制造业发展仍面临着劳动力数量优势和成本优势在逐步减弱、高端技术人才缺口较大等突出问题。

概括来说，导致河南省制造业在科技创新方面相对滞后、创新能力不足，制约河南省制造业产业结构升级的问题主要有两个方面：一方面，河南省的高层次创新人才相对匮乏，科技创新团队建设不够完善；另一方面，河南省的科技创新投入不足，创新体系和机制不够健全。因此，省内一些制造业企业在新技术、新工艺、新产品等方面的研发和应用能力较弱，难以适应市场需求和技术变革的要求，这不仅制约了河南省制造业在新兴产业领域的发展，还使河南省制造业企业在全球产业竞争中处于不利地位。

（三）产业协同性不强，产业链不完整

河南省积极贯彻党的二十大精神，锚定"两个确保"，贯彻实施"十大战略"，计划 2025 年初步建成以"能级高、结构优、创新强、融合深、韧性好"为鲜明标识的先进制造业强省，其主要任务是制造业高端化、智能化、绿色化、服务化、集群化发展。工业互联网作为新一代信息技术与制造业深度融合的产物，其与诸多先进制造行业在顶层设计方面存在较多的共同之处，更有利于实现先进技术与先进制造业的深入融合和应用，有利于推进先进制造业高端化、智能化发展，工业互联网发展与先进制造业的融合渗透将会激发更大的发展潜力。但赛迪顾问股份有限公司（简称赛迪顾问）在《2023 先进制造业百强

市研究报告》中指出，河南省仅有 3 个城市位列中国制造业百强，分别是郑州市、洛阳市、新乡市。河南省工业和信息化厅也确定了 2023 年河南省超硬材料产业集群等 10 个集群名单，但集群行业分布较为分散，产业集群效应不明显，河南省先进制造业高质量发展仍存在较大潜力。

《河南省人民政府关于印发河南省"十四五"制造业高质量发展规划和现代服务业发展规划的通知》指出，河南省制造业发展仍存在"大而不强、大而不优、大而不新"的问题，产业创新能力仍然薄弱，产业链现代化水平仍然不高，产业链上中下游衔接仍然不紧，缺少具有产业链控制力的龙头企业和深耕细分领域的冠军企业。

此外，河南省制造业产业链在某些环节存在缺失或薄弱现象，特别是在高端制造、关键技术研发等领域，缺乏核心竞争力，难以在全球产业链中占据有利位置。

河南省产业结构存在的问题主要包括传统产业比重过大，新兴产业发展不足；创新能力不足，制约产业结构升级；产业协同性不强，产业链不完整等。

二、河南省制造业产业结构调整的影响因素

产业结构是发展经济学中提出的概念，也叫产业体系，是社会经济体系的主要组成部分。产业结构升级是通过产业内部各生产要素之间、产业之间的时间、空间、层次的相互转化实现生产要素改进、产业结构优化、产业附加值提高的系统工程。经济主体和经济客体的对称关系是最基本的产业结构，是产业结构升级的最根本动力。产业结构是指农业、工业和服务业在一国经济结构中所占的比重。产业结构的变化一方面会给某些行业带来良好的市场机会，另一方面也会给其他行业的生存带来威胁。影响产业结构的因素有很多，主要涉及经济形势、消费结构（包括市场需求）、资源结构、投资结构、科学技术进步、劳动力素质和数量、产业间的关联方式等方面，本部分主要探讨国际经济形势

变化、国内市场需求变化和科学技术进步对河南省制造业产业结构调整的影响。

（一）国际经济形势变化

制造业作为国民经济的支柱产业，其结构调整不仅受到国内因素的影响，更受到国际经济形势的深刻影响。在全球经济一体化的大背景下，国际经济形势变化，包括国际市场需求的变化、贸易政策的调整等都会对制造业产业结构产生直接或间接的影响。

1. 国际市场需求变化

国际市场需求变化是制造业产业结构调整的重要驱动力。随着全球经济的不断发展，国际市场需求也在不断变化。一方面，新兴市场的崛起为制造业带来了新的发展机遇。例如，东南亚地区人口众多，消费潜力巨大，对制造业产品的需求日益增长。中华人民共和国工业和信息化部发布的数据显示，2023年中国制造业增加值为33万亿元，总产值占全球市场的35.0%，是全球制造业的中心。随着中国国内制造业规模不断扩大并且向高端升级，产业难免出现外溢和转移。目前中国最大的出口市场，不再是美国和欧盟，而是家门口的东南亚国家。毕马威的数据显示，2023年中国在东南亚"新三样"的出口同比增长高达89.3%，领跑全球。这一显著增长不仅体现了中国制造业从传统劳动密集型向高端化、智能化、绿色化转型的趋势，也标志着"新三样"正逐渐成为中国外贸出口的新增长极，将为全球贸易的发展注入新的活力。另一方面，发达国家对制造业产品的需求也在发生变化。随着人口老龄化和消费观念的转变，发达国家对高品质、高附加值产品的需求增加，对低端产品的需求减少。国际市场需求的变化为我国河南省制造业产业结构的转型升级带来了积极影响，同时要求我国制造业企业提升产品品质和技术含量，加快产业结构升级，从而获取更大的制造业市场份额。

2. 国际贸易政策调整

国际贸易政策的调整对制造业产业结构调整具有重要影响。近年来，全球多个国家和地区针对各类产品的进出口关税及税费政策进行了重要调整，这些变化不仅影响着国际贸易格局，也直接关系到消费者的日常生活以及企业的运营成本，导致制造业企业在全球市场的竞争加剧，出口受阻，影响了制造业产业结构调整的进程。

然而，贸易政策的调整在对制造业提出挑战的同时，也为制造业产业结构调整带来了新的机遇。一些国家为了推动本国制造业的发展，采取了一系列优惠政策，如减税、降低关税等，吸引外资和技术。这为制造业企业提供了拓展国际市场的机会，并且推动了产业结构的优化和升级。河南省制造业应积极应对各种挑战、抓住产业结构转型升级的机遇，突破瓶颈，实现高质量发展。

（二）国内市场需求变化

随着国内经济的不断发展和居民生活水平的日益提升，国内市场需求对制造业产业结构的调整起到了重要的推动作用。因此，分析国内市场需求变化对制造业产业结构调整的影响对于推动制造业高质量发展具有重要意义。

1. 消费升级驱动制造业产业结构升级

近年来，随着国民收入水平的提高和居民消费观念的升级，国内市场需求呈现出多元化、个性化的特点。消费者对产品的品质、品牌、服务等方面的要求越来越高，促使制造业企业不得不进行产业结构调整，以适应市场需求的变化。

一方面，消费升级推动了制造业向高端化、智能化方向发展。消费者对高品质、高附加值产品的需求增加，促使制造业企业加大技术创新和研发投入，提升产品品质和附加值。同时，随着智能制造技术的广泛应用，一些制造业企业实现了生产过程的智能化、柔性化和绿色化，提高了生产效率和产品质量。

另一方面，消费升级催生了新的市场需求。随着生活品质的提高，消费者对于产品和服务的新需求不断涌现，这些新需求主要涉及智能家居、新能源汽车、健康医疗等领域。新需求的不断涌现和新兴市场的崛起为制造业企业提供了新的发展机遇，也推动了制造业产业结构的调整和优化。

2.政策引导促进制造业产业结构优化

除了市场需求的直接驱动外，国家政策也在引导制造业产业结构调整方面发挥了重要作用。政府通过出台一系列政策措施，推动制造业向绿色、低碳、循环方向发展，促使制造业不断优化产业结构。例如，政府鼓励制造业企业加大环保技术研发及其成果应用力度，推广清洁生产和循环经济模式。同时，对于高污染、高耗能的企业，政府实施严格的环保监管和限产措施，推动其进行技术改造和产业升级。这些政策措施的实施，促进了制造业产业结构的优化和升级。

此外，政府还通过实施税收优惠、资金扶持等措施，鼓励制造业企业加大研发投入和创新力度，为制造业产业结构调整提供了有力的政策支持和保障。

（三）科学技术进步

技术进步是推动产业升级的重要驱动力，对制造业的发展具有深远的影响。在科技不断进步和创新的环境下，制造业必须不断进行产业结构调整和优化，以适应市场需求和技术变革的要求。

1.科学技术进步提升生产效率与产品质量

技术进步带来的变化之一是生产效率和产品质量的显著提升。随着自动化、智能化等先进技术的应用，制造业的生产过程变得更加高效和精准。机器人、自动化设备以及物联网等技术的引入，降低了人力成本，提高了生产效率。同时，这些技术的应用使产品质量得到了极大的提升，更好地满足了消费者对高品质产品的需求。

以汽车制造业为例，随着自动化和智能化技术的广泛应用，汽车生产线上的工人数量大幅减少，而生产效率却得到了显著提高。同时，先进的生产技术和设备保证了汽车产品的高品质和可靠性，为消费者提供了更好的使用体验。

2. 科学技术进步推动新兴产业的崛起

技术进步不仅提升了传统产业的竞争力，还催生了众多新兴产业。随着新材料、新能源、生物技术等领域的快速发展，制造业产业结构也在不断变化和调整。新兴产业的兴起给制造业带来了新的增长点和发展机遇。

新能源汽车产业的快速发展就是技术进步推动产业升级的一个典型案例。随着电池技术的突破和充电设施的完善，新能源汽车逐渐成为市场的新宠，不仅带动了相关产业链的发展，而且推动传统汽车产业向更加环保、高效的方向转型。

3. 科学技术进步促进制造业向高端化发展

技术进步推动制造业向高端化、智能化、绿色化方向发展。随着高端装备制造、智能制造等领域的快速发展，制造业产业结构不断升级，附加值不断提高。

高端装备制造是制造业产业升级的重要方向之一。航空航天、轨道交通等领域快速发展，对高端装备的需求不断增长。通过技术创新和产业升级，很多制造业企业不断提升高端装备的研发和生产能力，满足了市场的需求。

智能制造成为制造业产业升级的重要趋势。通过引入大数据、云计算、人工智能等先进技术，一些制造业企业实现了生产过程的智能化和自动化。

4. 科学技术进步推动制造业的绿色发展

在各国对环境保护和可持续发展的关注度不断提高的背景下，技术进步也推动了制造业向绿色化方向发展。通过引入环保技术和设备，一些制造业企业实现了生产过程的绿色化和资源的循环利用，降低了能源消耗，减轻了环境污染。

　　例如，一些制造业企业采用了清洁能源和节能技术，减少了对传统能源的依赖和碳排放。同时，一些制造业企业通过引入循环经济理念，实现了废弃物的减量化、资源化和无害化处理，推动了制造业的产业结构升级和绿色发展。

第二节 河南省制造业产业结构调整的必要性

一、适应经济发展新阶段的必然要求

当前，中国经济已由高速增长阶段转向高质量发展阶段，这要求各地对产业结构进行深度调整和优化。河南省作为我国重要的经济大省，其产业结构必须适应这一新的发展阶段。传统的资源密集型、劳动密集型产业已经难以支撑经济的持续健康发展，高新技术产业、现代服务业等新兴产业成为推动经济发展的新引擎。因此，河南省需要通过产业结构调整，加快传统产业转型升级，培育壮大新兴产业，使制造业更好地适应经济发展新阶段的要求。

二、提高经济效率和竞争力的迫切需要

产业结构调整是提高经济效率和竞争力的关键。当前，河南省的产业结构中仍存在一些低效、高耗能的产业，如制造业等，这些产业不仅影响了经济的整体效率，也制约了河南省在全球产业链中的竞争力。通过对制造业产业结构的调整，河南省可以优化资源配置，提高生产效率，降低生产成本，从而增强全省经济的竞争力。同时，调整产业结构还可以促进技术创新和产业升级，提高河南省在全球产业链中的地位。

三、实现可持续发展的重要途径

可持续发展是当前全球经济发展的重要趋势，也是河南省经济发展的重要目标。然而，传统的产业结构往往以资源消耗和环境破坏为代价，不利于可持续发展目标的实现。因此，河南省需要通过产业结构调整，推动经济发展与资源环境相协调。河南省可以通过发展绿色产业、循环经济等新兴产业，降低传

统制造业的能耗和减少传统制造业的排放，提高资源利用效率，进而促进经济社会全面绿色转型。同时，河南省可以通过调整制造业产业结构，促进城乡协调发展，缩小区域发展差距，实现经济社会的全面可持续发展。

四、应对国内外经济环境变化的必然选择

当前，全球经济环境复杂多变，国内外市场竞争日益激烈。河南省作为经济大省，其制造业产业结构必须适应这种变化，才能在激烈的竞争中立于不败之地。通过产业结构调整，河南省可以优化产业布局，提升产业层次，增强制造业的抗风险能力，同时借助国际国内两个市场，推动制造业产业向国际化发展，提高河南省制造业在全球制造业中的影响力。

五、促进就业和维护社会稳定的需要

制造业产业结构调整不仅关乎河南省的经济发展，而且关系到河南省乃至全国的就业和社会稳定。随着新兴产业的发展和传统制造业产业的转型升级，河南省将创造出更多的就业机会，为提高本省及全国的就业率，以及人民生活水平贡献力量。同时，通过调整制造业产业结构，河南省还可以促进我国人口、资源、环境等要素的协调发展，从而更好地维护社会稳定。

六、推动创新驱动发展的关键举措

"我们必须完整、准确、全面贯彻新发展理念，深入实施创新驱动发展战略，把科技的命脉牢牢掌握在自己手中，在科技自立自强上取得更大进展，不断提升我国发展独立性、自主性、安全性，催生更多新技术新产业，开辟经济发展的新领域新赛道，形成国际竞争新优势。"创新驱动是引领发展的第一动力，而产业结构调整是推动创新驱动发展的关键举措。通过调整制造业产业结构，河南省可以引导创新要素向新兴产业、高技术产业等领域集聚，推动科技创新

与产业升级深度融合。这不仅可以提高河南省的科技创新能力，还可以为河南省制造业高质量发展提供有力支撑。

综上所述，河南省制造业产业结构调整的必要性体现在多个方面。它不仅是河南省适应经济发展新阶段的必然要求，而且是河南省提高经济效率和竞争力的迫切需要；既是河南省实现可持续发展的重要途径，也是河南省应对国内外经济环境变化的必然选择；是河南省促进就业和维护社会稳定的需要，更是河南省实施创新驱动发展战略的关键举措。因此，河南省应高度重视制造业产业结构调整工作，制定科学合理的政策措施，推动本省乃至全国的制造业产业结构的优化升级，为我国经济的持续健康发展奠定坚实的基础。

第三节 创新驱动下的河南省制造业产业结构 优化路径

一、优化产业布局，大力发展新兴产业

《河南省"十四五"制造业高质量发展规划》提出，建设先进制造业强省，应以习近平新时代中国特色社会主义思想为指导，深入贯彻习近平总书记视察河南重要讲话重要指示，锚定"两个确保"，实施"十大战略"，完整、准确、全面贯彻新发展理念，坚决把制造业高质量发展作为主攻方向，以深化供给侧结构性改革为主线，统筹推进提质发展传统产业、培育壮大新兴产业、前瞻布局未来产业……并提出建设先进制造业强省的战略任务是"提质发展材料、装备、汽车、食品、轻纺五大传统产业，培育壮大新一代信息技术、高端装备、新材料、现代医药、智能网联及新能源汽车、新能源、节能环保七大新兴产业，前瞻布局氢能和储能、量子信息、类脑智能、未来网络、生命健康、前沿新材料六大未来产业，着力构筑'以传统产业为基础、新兴产业为支柱、未来产业为先导'的先进制造业体系"；战略导向是"坚持创新驱动、突出优势再造、推动数字化转型、加快换道领跑、注重绿色低碳和强化'项目为王'"。

由此可见，河南省要想解决"传统产业比重过大，新兴产业发展不足"的问题，就必须立足于传统产业，以传统产业转型升级促进制造业产业结构优化，聚焦新基建、新技术、新材料、新装备、新产品、新业态，在未来产业上前瞻布局，在新兴产业上抢滩占先，在传统产业上高位嫁接，培土奠基生态圈层，抢占产业发展制高点，使新兴产业发展成为新支柱。同时，把握政策导向，突出"双控"倒逼，围绕碳达峰、碳中和目标节点，严控"两高一危"项目，发展绿色能源，壮大绿色产业，推动重点行业有序达峰，实现工业文明和生态文明协调发展。

二、加强技术创新，提升产业核心竞争力

（一）技术创新的重要性

第一，技术创新是产业升级的重要驱动力，通过引入新技术、新工艺和新材料，可以推动传统产业向高端化、智能化、绿色化方向发展，提高产品的附加值和市场竞争力。

第二，技术创新可以催生新兴产业，为经济发展注入新的活力。

第三，技术创新有助于提升产品的质量和性能，满足消费者日益多样化的需求。

第四，通过研发新技术、新工艺，可以改进产品的设计、制造和检验等环节，提高产品的可靠性、安全性和耐用性，从而增强产品在市场上的竞争力，提升企业的品牌形象和市场地位。

第五，技术创新有助于降低生产成本和资源消耗，提高企业的经济效益和社会效益，从而有助于降低企业的运营成本，提高企业的盈利水平，并推动绿色发展，有利于企业实现可持续发展目标。

（二）加强技术创新的策略

企业是技术创新的主体，制造业企业应加大研发投入，提高自主创新能力。政府可以通过制定优惠政策、提供资金支持等方式，鼓励制造业企业增加研发投入，开展技术创新活动。同时，制造业企业应加强内部研发团队建设，引进和培养高层次创新人才，为其进行技术创新提供人才支持。

产学研用合作是企业进行技术创新的重要形式，有助于企业实现技术创新成果的快速转化和应用。河南省制造业企业应加强与高校、科研院所的合作，建立产学研用合作机制，共同开展技术研发、人才培养和成果转化等工作。通

过产学研用合作，制造业企业可以加快对技术创新成果的转化和应用，推动产业升级和经济发展。

构建完善的技术创新体系是提升产业核心竞争力的关键。河南省应加快建立以制造业企业为主体、以市场需求为导向、产学研用深度融合的技术创新体系，推动科技创新与产业发展紧密结合。同时，河南省应加强科技创新平台建设，提升科技创新服务能力，为制造业高质量发展提供有力的科学技术支持。

优化创新环境是加强技术创新的重要保障。河南省应深化科技体制改革，完善科技创新政策体系，为制造业企业进行技术创新提供良好的制度保障。同时，河南省应加大知识产权保护力度，维护创新者的合法权益，激发整个制造业乃至全社会的创新活力。

（三）河南省在技术创新方面的努力与成果

2016 年至 2020 年，河南省制造业创新能力大幅提高。全省规模以上工业企业研发投入占营业收入比重由 2016 年的 0.5% 提高到 2020 年的 1.41%，全省规模以上高新技术产业增加值平均增长 11.7%，占全省规模以上工业增加值的比重从 34.9% 上升到 43.4%，工业企业技术改造投资年均增长 42.5%。全省国家级创新载体达到 179 家，智能农机创新中心成功创建为国家级制造业创新中心。近年来，河南省把制造业高质量发展作为主攻方向，着力构建先进制造业体系，大力提质发展传统产业、培育壮大新兴产业、前瞻布局未来产业，不断提升产业基础能力，推进数字化、绿色化转型。2020 年，全省高新技术企业突破 1 万家，同比增长 29.6%，科技型中小企业也达到 2.2 万家，总量居中西部首位。

2021 年以来，河南省聚焦国家重大战略需求、产业转型升级需要，重塑重构省实验室体系，形成以省实验室为核心、优质高端创新资源协同创新的"核心＋基地＋网络"创新格局。2024 年 3 月，河南省发布了《河南省加快制造业"六新"突破实施方案》，旨在抓住新一轮科技革命和产业变革的历史机遇，把"六新"（新基建、新技术、新材料、新装备、新产品、新业态）突破作为提升战略竞争力的关键举措和重要标志。

河南省一方面加大对制造业科技创新的投入力度，建设了一批高水平的科技创新平台和机构，吸引和培养了大量高层次创新人才，为河南省制造业的技术创新提供了有力支撑；另一方面积极推动产学研用合作，强化制造业企业与高校、科研院所的紧密合作，形成了一批具有竞争力的产学研用合作团队和项目，这些合作团队和项目在推动技术创新、促进产业升级方面发挥了重要作用。此外，河南省非常注重优化创新环境，深化科技体制改革，加强知识产权保护等工作。这些举措为河南省制造业技术创新提供了良好的制度保障和市场环境，激发了全社会的创新活力。

总之，加强技术创新是促进河南省制造业产业结构调整和提升河南省制造业核心竞争力的重要举措，为河南省进一步推动和开展制造业技术创新工作，实现产业结构升级和高质量发展注入了强劲动力。

三、深化产业协同，促进产业集聚发展

一方面，河南省应大力发挥专精特新企业对本省制造业产业结构调整的促进作用。专精特新企业（指具有"专业化、精细化、特色化、新颖化"特征的工业中小企业）作为产业链上的重要环节，对于解决河南省制造业"大而不强、大而不优、大而不新"的布局问题具有重要意义。第一，政府应大力扶持专精特新企业的发展，结合企业的实际情况，在人才引进、融资、税收等方面予以帮扶，通过加强专精特新企业孵化平台建设、创造专精特新企业发展"土壤"，积极为社会团体、大学生团队等创新创业团队创造机会，引导专精特新及高成长型中小微企业蓬勃、健康发展，为先进制造业高质量发展奠定基础。助力专精特新企业的发展，对促进河南省先进制造业全面发展、解决"大而不精"问

题具有积极作用，可吸纳大量高技能人才和高素质人才，提高就业质量和收入水平。第二，充分应用新质生产力加强专精特新企业在科技创新、产业升级和人力资本等方面的建设，有效发挥高新技术企业的创新驱动力量，扎根产业链环节，补齐产业链发展短板，延伸产业链长度，推动产业链价值链的完善，为价值链增值赋能。发展新质生产力有利于实现河南省先进制造业在产业链价值链中的地位跃升，提高河南省先进制造业在产业竞争中的核心竞争力，推动河南省先进制造业高质量发展。

另一方面，河南省应大力提升制造业企业中"龙头企业"的集聚力、辐射力和带动力。第一，大力提升"龙头企业"对产业链各环节中小配套企业的吸引、带动的集聚能力。强化龙头企业对全产业链的整合能力，强化链式引进、链式整合和集群发展，吸引产业链各环节中小配套企业集聚，形成围绕龙头的现代产业分工合作体系。第二，大力提升"龙头企业"的辐射力。龙头企业向中小企业延伸资金链、创新链、管理链，提升配套企业的整体配套能力。龙头企业聚焦新技术新产品突破，改变大而全小而全的产业发展模式，把一般制造环节外包给配套企业，引导中小企业由单品配套向模块化配套提升。第三，大力提升"龙头企业"的带动力。聚焦优势产业链，绘制产业链图谱，制定实施方案，依托每一条产业链培育龙形产业，打造一批产业链本地化、链接配套的、在国内外有影响力和竞争力的优势产业集群。

第四章 制造业技术创新体系与研发体系建设

第一节 制造业技术创新体系概述

制造业要实现高质量发展，必须实现依靠创新驱动的内涵型增长。近年来，我国制造业创新驱动发展战略深入实施，技术创新体系日益受到重视。在一系列政策措施的推动下，我国制造业技术创新体系建设确已取得不少成绩。制造业企业创新主动性增强，技术创新的市场导向逐步增强，产学研用合作组织不断完善，有效推动了我国制造业产业升级和经济发展质量的提升。与此同时，我们也要清醒地看到，我国制造业目前仍存在企业主体地位不强、市场作用发挥不够、产学研用协同创新组织机制不健全等问题，导致制造业企业技术优势转化为产业优势的能力不足，总体上不能适应制造业高质量发展的要求。2023年8月，中华人民共和国工业和信息化部印发了《制造业技术创新体系建设和应用实施意见》(以下简称《实施意见》)，明确了我国制造业技术创新体系建设和应用的指导思想，以及基本原则，工作目标，技术体系的主要框架、构成和评价等级等内容。河南省应以《实施意见》为指导，积极建设本省制造业技术创新体系与研发体系，为制造业的可持续发展提供理论支持和实践指导。

一、制造业技术创新体系建设的基本原则

（一）系统思维，科学分析

围绕重点产业典型产品生命周期，全面厘清技术体系发展现状，精准定位技术短板弱项和长板优势，针对性开展关键核心技术攻关和先进技术推广。

（二）企业主导，多方联动

加强供需联动，充分调动龙头企业积极性，发挥各类创新平台的作用，深化产业链上下游、产学研用协同，促进技术体系建设和推广应用。

（三）央地协同，分类实施

面向国家战略发展需求，围绕重点产业，聚焦典型产品构建技术体系。充分调动地方各级人民政府的积极性，因地制宜地推动优势特色产业技术体系建设。

（四）动态监测，定期更新

适应新形势新要求，开展技术体系动态监测，定期更新技术体系，为动态调整技术攻关方向、防范产业链供应链风险、制定相应措施提供支持。

二、制造业技术创新体系建设的工作目标

（一）第一阶段（到 2025 年）工作目标

形成一套科学适用、标准规范的制造业技术创新体系构建方法，基本建立涵盖制造业各门类重点产业典型产品的技术体系，分类分级建立短板技术攻关库、长板技术储备库及先进适用技术推广库，通过有效应用，使技术体系在产

业科技攻关、科技成果产业化、新技术推广应用、产业基础能力建设、产业链强链补链、产业集群发展、企业供应链管理等方面的效能初步显现。

（二）第二阶段（到 2027 年）工作目标

建成先进的制造业技术创新体系，全面形成横向协同、纵向联通的技术体系网络。技术体系全面应用于产业科技攻关、成果转化和新技术推广，有效指导地方制造业技术创新和产业集聚发展，有效引导企业建立先进的研发体系和科学的供应链管理体系，为制造业科技自立自强和高质量发展提供重要支撑。

三、制造业技术创新体系的主要框架

制造业技术创新体系的主要框架可以概括为"1295"，具体内容如下：按照产品生产流程或产品组成环节构建 1 套环环相扣的评估分析框架，围绕产业技术供给和支撑 2 条主线，形成关键技术、物料、企业、研发设计、制造装备、质量、标准、管理服务、关键软件 9 张清单，依据技术成熟度和制造成熟度模型，对比国内外差距，形成 5 个评估等级。

四、制造业技术创新体系构成和评价等级

（一）制造业技术创新体系构成

制造业技术创新体系由关键技术、物料、企业、研发设计、制造装备、质量、标准、管理服务和关键软件 9 个部分构成，具体内容如下：

1. 关键技术

梳理分析典型产品中包含的主要技术，包括主要特征指标、国内外技术发展情况、技术发展差距等，全面反映技术发展状况，形成关键技术清单。

2. 物料

梳理分析典型产品关键技术涉及的关键材料、元器件或零部件等物料，包括国内外主要物料的比较、物料来源的多元化与稳定性等，全面反映供应链物料情况，形成关键物料清单。

3. 企业

梳理分析典型产品关键物料的主要生产企业，包括产品市场占有率、企业规模、企业分布、上下游协作及专利情况等，全面反映生产企业发展水平，形成重点生产企业清单。

4. 研发设计

梳理分析典型产品研发设计过程中使用的主要软硬件工具，包括国内外研发设计企业、研发设计能力及工具应用水平等，全面反映研发设计工具发展现状，形成典型产品研发设计工具清单。

5. 制造装备

梳理分析典型产品生产过程中所使用的制造装备，包括国内外制造装备生产水平、生产企业、市场应用和发展差距等，全面反映制造装备的发展状况，形成主要制造装备清单。

6. 质量

梳理分析典型产品管理过程中涉及的质量管理与控制情况，包括生产过程中所使用的质量工程技术、检测装备与仪器、质量工具软件等，全面反映典型产品质量现状，形成质量清单。

7. 标准

梳理分析典型产品生命周期过程涉及的主要标准，包括各类标准、标准主要制定机构、标准缺失度等，全面反映标准体系建设及标准实施情况，形成主要标准清单。

8.管理服务

梳理分析典型产品生产过程中所需的数字化、绿色化等管理服务，包括国内外数字化与绿色化解决方案服务商、公共服务平台配套成熟度与国内外服务能力差距等，全面反映管理服务发展水平，形成管理服务清单。

9.关键软件

梳理分析典型产品生产和应用中使用的业务管理类、生产控制类、基础通用类等关键软件，包括国内外关键软件主要服务商、软件应用水平和发展差距等，全面反映关键软件发展现状，形成关键软件清单。

（二）技术体系评价等级

技术体系评价包括九个方面的总体评价和具体评价，按照技术成熟度和制造业成熟度设置五个等级，全面反映产业链关键技术的发展水平、基础共性程度、差距和赶超难度（依据技术成熟度，将关键技术又分为无自主能力的技术、需产业化的技术和成熟的可大面积推广的技术三类）；物料的国内外差距和供应商来源多样性稳定性；企业的整体水平和上下游协作水平；研发设计工具的成熟度、差距和赶超难度；生产制造装备和质量工程技术的差距和赶超难度；管理与公共服务的数字化发展水平、绿色化发展水平、公共服务平台配套成熟度等。具体评价内容和表格参见《实施意见》附件"制造业技术创新体系框架"。

第二节　制造业研发体系概述

一、制造业研发体系的构成、功能与优化策略

研发体系是企业在研发领域执行的一整套管理机制，其构成与功能对于企业技术创新和产品升级至关重要。完善的研发体系能够确保企业在激烈的市场竞争中保持领先地位，实现可持续发展。同时，研发体系能够提高企业的核心竞争力，推动企业向更高层次发展。因此，企业应不断关注市场和技术变化，持续优化和改进研发体系，以适应不断变化的市场环境和技术需求。研发体系建设对河南省制造业企业而言，也是如此。

（一）制造业研发体系的构成

研发体系主要由以下几个关键要素构成：

1. 组织结构

研发体系的组织结构包括研发部门的设置、职能划分以及团队人员配置等，是支撑研发体系高效运作的基础。合理的组织结构能够确保研发活动的有序进行，提高研发效率。

2. 流程设计

研发流程是研发体系的核心环节，涵盖了从项目立项、需求分析、方案设计、开发实施到测试验证的整个过程。流程设计的合理性直接关系到研发活动的质量和效率。

3. 规范和标准

研发体系中的规范和标准，包括开发规范、测试规范、文档编写规范等，目的是确保研发活动的规范性和一致性。这些规范和标准能够确保研发活动的

质量和进度得到有效控制。

4. 工具和系统

在研发过程中，需要使用各种工具和系统来辅助研发活动的进行。如项目管理工具、代码托管工具、测试工具等，这些工具和系统能够提高研发效率，降低研发风险。

5. 绩效考核

绩效考核是研发体系的重要环节，通过对研发人员的绩效进行评估和激励，能够激发研发人员的积极性和创造力，推动研发活动的持续进行。

（二）制造业研发体系的功能

研发体系的功能主要体现在以下几个方面：

1. 支持研发活动

研发体系通过提供组织结构、流程设计、规范和标准等支持，确保研发活动的顺利进行。它能够协调各部门之间的协作关系，整合各种资源，为研发活动提供有力的保障。

2. 促进技术创新

研发体系通过鼓励创新、支持实验和验证等方式，推动企业在技术领域的不断创新，有助于企业保持竞争优势，提高产品附加值，实现可持续发展。

3. 提高研发效率和质量

研发体系通过优化流程设计、引入先进工具和系统、制定严格的规范和标准等方式，提高研发效率和质量，有助于企业快速响应市场需求，提高产品竞争力。

4. 降低研发风险

研发体系通过定期评估和更新工具、保持与技术的同步、制定科学的绩效考核指标等方式，降低研发风险，有助于企业减少不必要的投入和损失，提高研发活动的成功率。

5. 培养和吸引人才

研发体系通过提供良好的工作环境和激励机制，吸引和留住优秀的研发人才，同时通过内部培训和知识分享等方式，提升研发人员的技能和素质，从而为企业技术创新提供有力的人才保障。

（三）制造业研发体系的优化策略

随着市场环境和技术的不断变化，研发体系也需要不断优化和改进。企业可以通过定期评估研发体系的运行状况、收集员工意见和建议、借鉴行业最佳实践等方式，发现研发体系中存在的问题和不足，并采取有效措施，如优化和创新研发流程等，对现有研发体系进行改进。此外，企业可以引入新的管理理念和技术手段，推动研发体系的创新和发展。在当代科技和全球化的趋势下，研发流程的优化和创新实践成为制造业企业获得竞争优势的关键。研发流程的优化可以帮助制造业企业提高效率、降低成本、加快产品推出速度，研发流程创新则可以帮助制造业企业在市场上脱颖而出、保持持续竞争力。因此，本部分将以制造业企业研发流程为例，提出制造业研发体系的优化和创新策略，具体内容如下：

1. 梳理流程，明确目标

梳理研发流程和明确优化研发体系的目标对制造业企业来说至关重要，它能够帮助企业集中有限的资源和精力，有针对性地解决那些在研发流程中最为关键的问题，从而显著提升改进措施的效果和效率。因此，制造业企业在着手开展研发流程的优化工作之前，必须先对现有的工作流程进行彻底的梳理和分析，以便明确优化研发流程的具体目标。这一步骤可以通过绘制详尽的流程图或者制定一系列的标准操作程序来实现，从而确保制造业企业能够清晰地识别每个工作环节的具体职责以及它们之间的相互依赖关系。

2.引入数字化技术和工具

在数字化飞速发展的时代，将与制造业紧密相关的数字化技术和工具引入制造业研发流程，无疑能够提升制造业研发工作的效率和质量。制造业企业可以采用计算机辅助设计和仿真技术，在产品的设计和开发阶段就对产品的性能和质量进行预测和验证，这样不仅可以大幅度降低试错的成本，还可以有效缩短产品的开发周期。除此之外，引入协同办公工具和先进的项目管理软件，也有助于制造业企业显著提高研发部门及其团队成员之间的协作效率，使研发团队能够更加高效地完成各项研发任务。

3.建立跨部门协作机制

研发流程的优化和创新是一项系统性比较强的任务，它需要企业各部门之间的紧密协作和信息共享。为了实现这一点，制造业企业应当建立一套有效的跨部门协作机制，这可以通过定期组织研发相关会议，或者设立专门的跨部门项目管理团队来实现。通过这样的机制，可以确保企业各部门之间能够进行有效的沟通和协作，从而避免信息孤岛的出现，减少冲突和重复工作，最终提升整个研发流程的效率和产出质量。

4.加强知识管理和团队培养

在优化研发流程的过程中，加强知识管理和团队培养是不可或缺的一环。制造业企业应当建立和完善知识库或专家数据库，用以收集和分享各类技术资料、工作经验及专业知识。这样的知识管理系统能够为研发人员提供宝贵的信息资源，帮助他们快速解决问题和提高工作效率。同时，制造业企业应当重视对员工的持续培训和发展，通过定期组织培训和专业技能提升活动，不断提高员工的专业技能水平和创新思维能力，确保团队能够适应市场需求和各类技术的快速变化，保持企业在技术研发层面的竞争力。

二、制造业研发体系的运行机制

研发体系的运行机制涉及多个环节的协同和相互支持。制造业企业应结合自身实际情况和发展需求，构建适合自己的研发体系，完善研发体系的运行机制，以推动企业的技术创新和产品升级，实现可持续发展。

（一）战略导向与研发目标

研发体系的运行机制首先建立在明确的战略导向和研发目标之上。企业需要根据市场趋势、竞争态势以及自身的资源能力，制定长远的技术创新和产品升级战略。在此基础上，企业需要设定具体的研发目标，明确研发活动的方向和重点。

（二）组织架构与团队协作

为了实现研发目标，企业需要建立高效的组织架构和团队协作机制。企业研发部门应划分为不同的团队，每个团队负责不同的研发任务，形成既分工又合作的研发网络。同时，企业应建立跨部门协作机制，确保负责研发活动的部门与其他部门（如市场部、生产部、销售部等）沟通顺畅，实现资源的优化配置。

（三）流程管理与质量控制

企业需要建立完善的研发工作流程管理和质量控制体系。企业的研发活动应遵循一定的流程规范，从项目立项、需求分析、方案设计、开发实施到测试验证等，每个环节都应有明确的操作标准和质量控制要求。通过流程管理和质量控制，确保研发活动的有序进行和高质量完成。

（四）资源整合与资源利用

研发活动需要大量的资源投入，包括资金投入、人才投入、设备投入等。企业在确定研发体系的运行机制时应注重资源的整合与利用，通过内外部资源的有效配置，提高研发效率和质量。同时，企业应建立资源共享机制，促进不同部门、团队之间的资源互通，实现对资源的最大化利用。

（五）激励机制与人才培养

为激发研发人员的积极性和创造力，企业应建立科学的激励机制。例如，通过设立研发奖励、晋升通道、培训机会等方式，鼓励研发人员积极参与研发活动，主动提高创新能力。此外，企业应重视高水平研发人才的培养和引进工作，通过内部培养和外部引进相结合的方式，打造一支高素质的研发团队。

（六）风险管理与决策支持

研发活动具有一定的风险性，因此企业应建立相应的风险管理机制。例如，通过对研发项目的风险评估、预警和应对，降低研发风险，确保研发活动的顺利进行。同时，企业应建立决策支持机制，为企业进行研发决策提供科学依据，提高决策的效率和准确性。

（七）知识产权管理与保护

研发成果是企业的重要资产，因此知识产权的管理与保护是研发体系运行机制中不可或缺的内容。企业应建立和完善知识产权管理制度，对研发成果进行保护。同时，企业应加强知识产权培训和宣传，增强全体员工的知识产权保护意识。

（八）持续改进与创新驱动

研发体系的运行机制还应具备持续改进和创新驱动的特点。企业应根据市场变化和技术发展趋势，不断调整和优化研发体系，提高研发活动的适应性和灵活性。同时，企业应鼓励创新思维与跨界合作，推动研发活动的不断创新和突破。

三、制造业研发体系的评价标准

研发体系的评价标准是衡量制造业企业研发活动的效果和质量的重要依据，它涉及研发体系的多个方面，如创新能力、研发效率、研发质量、团队协作能力、知识产权管理情况、流程改进与新技术应用能力等。企业应基于具体的研究项目，根据自身的实际情况和发展需求，结合上述评价标准对其研发体系进行全面、客观的评估，以便找出存在的问题和不足，并采取有效措施进行改进和优化。同时，企业应关注市场和技术的发展趋势，不断调整和完善研发体系的评价标准，以适应不断变化的市场环境和技术需求。

（一）创新能力

创新能力是研发体系的核心能力，它体现了企业在技术研发方面的前瞻性和创新性。评价企业创新能力时，可以从以下三个方面进行考量：

1. 技术创新水平

评估企业在技术领域的创新程度，包括新技术的研发水平、现有技术的改进效果和创新成果的产出情况等。

2. 研发投入

考察企业在研发活动上的投入力度，包括资金、人员、设备等方面的投入情况。

3. 创新氛围

评估企业内部是否形成了鼓励创新、容忍失败的文化氛围，以及员工对创新的积极性和参与度。

（二）研发效率

研发效率反映了企业在研发过程中的资源利用情况和产出效率。评价研发效率时，可以从以下三个方面进行考量：

1. 研发周期

评估研发项目的完成周期，即从项目立项到产品上市的整个过程的时长。

2. 研发投入产出比

比较研发投入与研发产出的比例，以衡量研发活动的经济效益。

3. 研发流程优化

评估企业在研发流程管理方面的优化程度，包括流程简化、效率提升等方面的改进情况。

（三）研发质量

研发质量是衡量研发成果稳定性和可靠性的重要指标。评价研发质量时，可以从以下三个方面进行考量：

1. 产品质量

评估研发成果的质量，包括产品在性能、稳定性、安全性等方面的表现。

2. 技术文档完善度

检查研发过程中产生的技术文档是否完整、准确、规范，以便于后续的产品维护和升级。

3. 客户满意度

了解客户对研发成果的评价和反馈信息，以衡量研发成果在市场中的认可度和竞争力。

（四）团队协作能力

团队协作是研发体系高效运作的关键因素之一。评价团队协作能力时，可以从以下三个方面进行考量：

1.沟通协作能力

评估团队成员之间的沟通是否顺畅、协作是否紧密，以及团队内部是否存在有效的信息共享和资源整合机制。

2.团队凝聚力

考察团队成员之间的默契程度和相互支持情况，以及团队解决困难和应对挑战的能力。

3.团队成长与发展

关注团队成员在研发过程中的成长和发展情况，包括技能提升、职业晋升等方面的进步情况。

（五）知识产权管理情况

知识产权管理是研发体系中的重要环节，它关系到企业的核心竞争力和长期发展。评价知识产权管理情况时，可以从以下三个方面进行考量：

1.专利申请与保护

评估企业在专利申请、维护和管理方面的表现，以及企业对知识产权的重视程度和保护力度。

2.知识产权利用

考察企业作为知识产权的权利人或依法有权处分的组织和个人是否能够通过技术转让、许可、合作等方式，在产业技术创新、转移和扩散过程中，应用知识产权谋求或取得相应的竞争优势或收益，以实现知识产权的商业价值。

3.知识产权风险防控

评估企业在防范和应对知识产权风险方面的能力，包括在预防侵权、应对诉讼等方面采取的措施及其效果。

（六）流程改进与新技术应用能力

持续改进能力是研发体系持续发展的重要保障。评价持续改进与创新能力时，可以从以下两个方面进行考量：

1. 研发流程改进

评估企业在研发流程方面的持续改进情况，包括在流程优化、效率提升等方面的成果。

2. 新技术应用

关注企业是否积极引入新技术、新方法，以提高研发效率和质量，推动技术创新和产品升级。

第三节 河南省制造业技术创新存在的问题及发展方向

一、河南省制造业技术创新存在的问题

近年来，河南省制造业在技术创新方面取得了显著的进步。然而，与先进省份相比，河南省制造业在技术创新方面仍存在一些问题。

（一）经费投入仍显不足，创新基础薄弱

河南省在技术创新方面的投入相对不足，创新基础薄弱。尽管近年来河南省加大了对制造业科技创新的投入力度，但与先进省份相比，仍存在一定的差距。河南省制造业在核心技术研发、高端人才引进等方面研发投入不足，难以形成持续的创新动力。

（二）创新体系不完善，协同创新有待强化

河南省制造业的创新体系尚不完善，协同创新能力有待提高。目前，河南省制造业的创新资源分散在不同的部门和单位，缺乏有效的整合和共享机制。同时，产学研用合作不够紧密，制造业企业、高校和科研机构之间的合作机制尚未形成，创新资源的利用效率有待提高。

（三）创新人才短缺，人才结构不合理

创新人才是技术创新的核心力量，然而河南省制造业存在创新人才短缺与结构不合理的问题。一方面，高端创新人才和领军人才不足，难以引领和推动河南省制造业的技术创新。另一方面，人才结构不合理，缺少具有创新精神和实践能力的创新人才队伍。

（四）创新环境不够优化，创新氛围不浓厚

创新环境是技术创新的重要保障，然而河南省制造业的创新环境仍有待优化。一方面，政策体系尚不完善，政策执行力度不够，难以有效激发制造业企业的创新活力。另一方面，创新文化氛围不浓厚，缺乏鼓励创新、宽容失败的氛围，因此创新者往往面临着较大的心理压力和风险。

（五）企业创新意识不强，创新能力有待提升

企业在技术创新中扮演着重要角色，然而在河南省，一些制造业企业的创新意识仍显不足。部分企业对技术创新的重要性认识不足，缺乏长远的发展眼光和创新战略。同时，部分企业的创新能力有限，缺乏自主研发和创新能力，难以在激烈的市场竞争中脱颖而出或保持优势。

（六）科技成果转化率低，创新效益不明显

科技成果的转化和应用是技术创新的重要环节，然而河南省制造业在科技成果转化方面仍存在一些问题。一方面，科技成果与市场需求脱节，难以有效商业化。另一方面，科技成果转化机制不完善，缺乏专业的转化机构和平台，导致科技成果的转化率较低。

（七）国际科技合作不够深入，缺乏国际视野

在全球化的背景下，国际科技合作对于技术创新具有重要意义。然而，河南省制造业在国际科技合作方面仍显不足。一方面，河南省制造业企业与国际先进科技机构、企业的合作不够深入，缺乏实质性的合作项目。另一方面，河南省制造业的科技创新缺乏国际视野，难以融入全球创新网络。

近年来，河南省制造业在技术创新方面虽然取得了一些成果，但仍存在诸多问题。河南省只有正视这些问题并采取有效措施加以解决，才能推动本省制造业在技术创新方面取得更大的突破和实现更好的发展。

二、河南省制造业技术创新的发展方向

河南省作为我国中部地区的重要省份，其技术创新的发展对于整个区域的可持续发展具有重要意义。当前，面对全球科技变革和产业转型的新形势，河南省需要明确制造业技术创新的发展方向，以促进经济结构的优化升级和产业的创新发展。

（一）加大基础研究投入，夯实创新基础

基础研究是指为了获得关于现象和可观察事实的基本原理的新知识（揭示客观事物的本质、运动规律，获得新发现、新学说）而进行的实验性或理论性研究，它不以任何专门或特定的应用或使用为目的，其成果以科学论文和科学著作为主要形式，用来反映知识的原始创新能力。应用基础研究是指那些方向已经比较明确、利用其成果可在较短时间内取得工业技术突破的基础性研究，应用研究中的理论性研究工作也称为"应用基础研究"。基础研究是技术创新的"源头活水"，应用基础研究是实现科技全球领跑的关键。近年来，"应用基础研究"已成为夯实科技强国建设基础的一大热词，与"基础研究"常常并列出现在媒体报道中。基础研究耗时长、风险高、难度大，不可能一蹴而就，只有持之以恒、持续攻关，才能为加快实现科技自立自强、建设世界科技强国奠定深厚坚实的根基。加强基础研究和应用基础研究离不开充足的经费支持，因此河南省应加大对制造业基础研究和应用基础研究的经费投入力度，鼓励科研机构、制造业企业和高校开展原创性、前沿性的研究，形成一批具有自主知识产权的核心技术和关键技术。同时，河南省应加强基础研究与产业发展的结合，推动制造业科研成果的转化和应用，为制造业高质量发展提供有力的技术支撑。

（二）培育创新型企业，完善创新体系

企业是技术创新的主体。河南省应加大对本省制造业创新型企业的培育和

支持力度，鼓励这些企业加大研发投入，提升自主创新能力。例如，通过引导企业建立研发机构、开展技术创新活动等方式，推动企业成为技术创新的重要力量。同时，努力促成和加强制造业创新型企业与高校、科研机构之间的合作，形成产学研用一体化的创新体系。

（三）加强区域间的合作，推动协同创新

在全球化、一体化的今天，区域间的合作对于推动技术创新具有重要意义。河南省应积极与周边省份以及国内外先进地区开展合作，共同促进制造业的技术创新。例如，通过加强区域间的技术交流、人才流动和项目合作等方式，实现资源共享、优势互补，推动本省制造业技术创新实现跨越式发展。

河南省制造业技术创新的发展方向应涵盖基础研究、产学研用合作、企业创新、高新技术产业发展、人才队伍建设、创新环境建设、绿色发展、科技体制改革以及区域合作等多个方面。通过明确这些发展方向并付诸实践，河南省将能够不断提升自身的创新能力和核心竞争力，为经济社会的持续健康发展和制造业高质量发展提供强有力的支撑。

（四）加强人才队伍建设，培养创新人才

人才是技术创新的核心要素。河南省应加大制造业人才培养和引进力度，培养一批高水平的创新人才，助力制造业企业组建高水平的人才团队。例如，通过实施人才工程、建设人才基地等方式，吸引和培养国内外优秀人才来豫创新创业。同时，加强人才激励机制建设，为人才提供良好的工作环境和发展空间。

（五）优化创新环境，营造良好创新氛围

创新环境是技术创新的重要保障。河南省应优化创新政策环境，完善科技创新政策体系，为制造业的科技创新提供有力的政策支持；加强知识产权保护

工作，保障创新者的合法权益；加强创新文化建设，营造鼓励创新、宽容失败的社会氛围，激发全社会的创新活力，为本省制造业技术创新营造良好的氛围。

（六）增强企业创新意识，提高企业创新能力

企业是技术创新的主体，也是推动经济社会发展的关键力量。河南省应通过政策引导和市场激励，增强制造业企业的创新意识，鼓励制造业企业将创新作为核心竞争力来培育。政府可以设立专项基金，支持制造业企业进行技术改造和新产品开发，同时通过税收优惠、财政补贴等措施，降低制造业企业创新成本，提高制造业企业进行技术创新的积极性。此外，政府应鼓励制造业企业与国内外高校、科研机构建立紧密的合作关系，通过引进先进技术和管理经验，提升本省制造业企业的整体创新能力和市场竞争力。

（七）注重科技成果转化，提高创新效益

科技成果转化是技术创新的最终目的，也是推动经济社会发展的重要途径。河南省应建立和完善科技成果转化机制，促进科研成果与制造业发展需求的有效对接。通过建立科技成果转化平台，提供技术交易、技术咨询、技术评估等服务，降低制造业科技成果转化的门槛和成本。同时，河南省应鼓励和支持制造业企业、高校和科研机构建立产学研合作联盟，共同开展科技成果转化项目，提高创新成果的转化率和产业化水平。

（八）推动国际化发展，拓宽创新视野

在全球化的背景下，河南省制造业企业应积极融入国际创新网络，拓宽创新视野，提升国际竞争力。例如，通过加强与国际知名科研机构和企业的合作，引进国外先进技术和管理经验，提升河南省制造业的整体创新水平。河南省应鼓励本土企业"走出去"，参与国际竞争与合作，通过国际市场的检验，提升本土企业的技术创新能力和产品竞争力。此外，河南省应加强国际科技人才的

引进和培养，通过建立国际人才交流平台，吸引海外高层次人才来豫工作和交流，为河南省制造业的创新发展注入新的活力。

（九）推动绿色发展，加强生态文明建设

面对资源约束趋紧、环境污染严重、生态系统退化的严峻形势，河南省应积极推动本省制造业绿色发展，加强生态文明建设。例如，通过发展绿色技术、推广清洁能源、加强环境治理等方式，推动制造业向绿色、低碳方向发展。同时，加强生态文明制度建设，完善生态补偿机制，促进人与自然和谐共生。

通过上述措施的实施，河南省将能够进一步提高制造业的技术创新能力，推动产业结构优化升级，为实现制造业高质量发展提供可靠的经费、体系、技术、人才、政策等方面的支持。

第四节 河南省制造业研发体系存在的问题与优化策略

一、河南省制造业研发体系存在的问题

近年来，河南省虽然在经济建设和社会发展中取得了显著成就，但其在制造业研发体系建设方面仍面临着一系列问题和挑战。例如，研发投入不足且结构不合理、研发平台数量少且质量不高、人才资源短缺且结构不合理、产学研用合作不紧密且缺乏有效机制，以及体制机制不健全且缺乏灵活性等。这些问题的存在制约了河南省制造业在科技创新和研发方面的发展潜力和竞争力。

（一）研发投入不足且结构不合理

河南省的研发投入与其经济大省的地位并不匹配（如图 4-1 所示）。河南省社科院数字经济与工业经济研究所副所长赵西三曾表示，区域创新能力主要体现在高研发产业上，而河南省传统产业比重大，一般产品多，信息技术、生物医药、汽车、高端装备、互联网等技术密集型产业规模较小、占比偏低。产业层次总体偏低在一定程度上制约了河南整体创新能力的提升。可以参照的是，2022 年河南省规模以上制造业的 R&D 经费总和为 796.01 亿元，投入强度为 1.47%，而广东省 2021 年仅"计算机、通信和其他电子设备制造业"的 R&D 经费就达 1 392.61 亿元，投入强度为 3%。河南省地区生产总值一直位居全国前列，但其研发经费的投入规模却相对较小，与其他省份存在较大差距。这种经费投入不足的情况限制了河南省在科技创新和研发方面的能力和水平。同时，河南省研发投入的结构也不尽合理，如过于偏重某些特定领域或项目，而忽视了其他潜在的创新点和增长点等。

单位：%

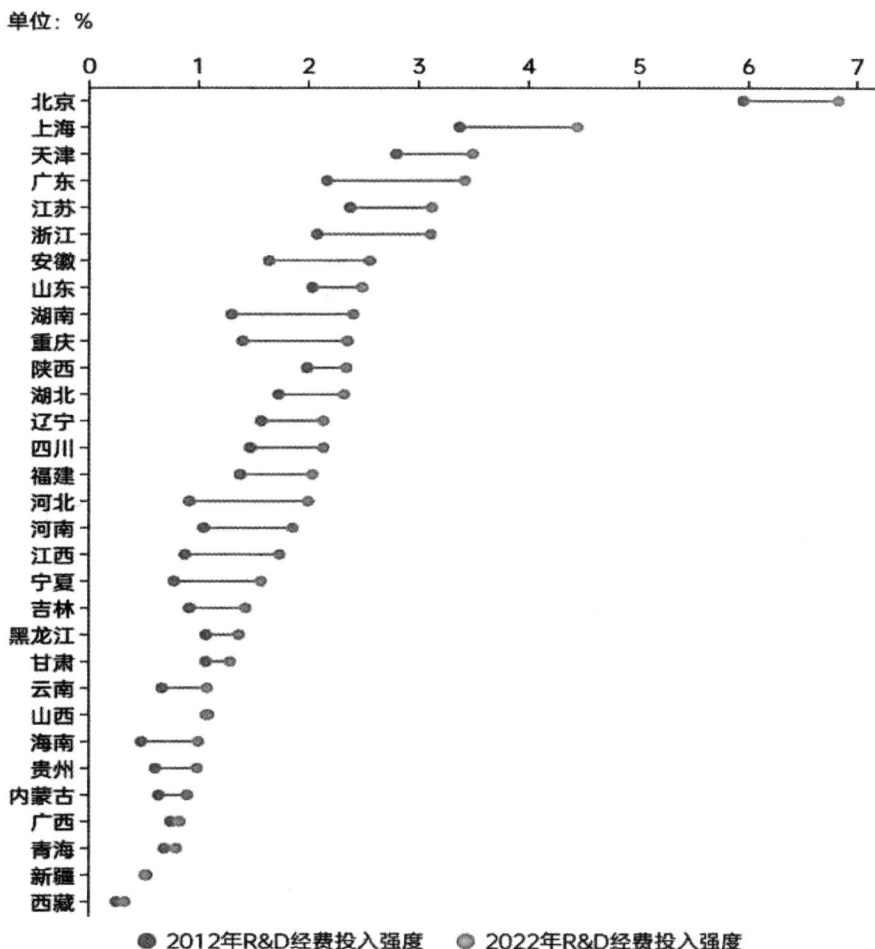

● 2012年R&D经费投入强度　　○ 2022年R&D经费投入强度

数据来源：国家统计局

图4-1　31省份2012—2022年研究与试验发展（R&D）经费投入强度变化

（二）研发平台数量少且质量不高

河南省的创新平台数量相对较少，尤其是与先进省份相比。各类国家级创新平台在河南省的分布较为稀疏，直接影响了河南省在科技创新和研发方面的竞争力。此外，现有创新平台的质量也存在一定问题，部分平台在科技创新和成果转化方面的能力有限，难以形成有效的创新生态和产业链。在这种情况下，可供河南省制造业企业进行技术创新的研发平台的数量和质量也难以保证。

（三）人才资源短缺且结构不合理

人才是研发体系的核心要素，但就现阶段而言，河南省制造业在人才资源方面仍存在明显的短板。一方面，河南省制造业的人才总量相对较少，尤其是高层次创新人才和领军人才短缺。这导致河南省制造业在科技创新和研发方面的创新能力不足，难以形成具有竞争力的创新团队和产业集群。另一方面，河南省制造业的人才结构不尽合理，部分领域的人才过剩，而另一些领域的人才匮乏，这种不均衡的人才结构制约了河南省制造业在科技创新和研发方面的科学发展。

（四）产学研用合作不紧密且缺乏有效机制

产学研用合作是推动科技创新和研发的重要手段，但河南省制造业在产学研用合作方面存在一些问题。一方面，高校、科研机构和制造业企业之间的合作不够紧密，缺乏有效的沟通和协调机制，导致了科技创新和研发资源的分散和浪费，使制造业企业难以形成有效的创新合力。另一方面，现有的产学研用合作机制存在一定问题，如合作方式单一、合作层次不深等，制约了河南省制造业在科技创新和研发方面的深入发展。

（五）体制机制不健全且缺乏灵活性

河南省制造业在研发体制机制方面也存在一些问题。一方面，现有的科技创新和研发政策体系还不够完善，政策执行力有待加强、政策执行效果有待提高。另一方面，现有的科技创新和研发体制机制缺乏灵活性和创新性，难以适应快速变化的市场和技术环境，导致河南省制造业在科技创新和研发方面的响应速度和创新能力相对滞后。

二、河南省制造业研发体系的优化策略

（一）加大研发投入，优化经费结构

为了提升本省制造业的整体竞争力，河南省一方面需要从资金投入上着手，给予制造业企业充分的经费支持。政府应增加对制造业企业研发工作的财政拨款，同时鼓励制造业企业自身增加研发投入，形成政府与企业共同投入的研发经费管理与监督体系。另一方面，优化经费结构也是关键，政府应引导企业将更多的资金投入到基础研究和应用基础研究中，减少非研发活动的经费支出，提高研发经费的使用效率。

（二）加强创新平台建设，提升创新能力

创新平台是研发体系的重要组成部分。河南省应加大创新平台建设力度，为制造业企业提供平台支持，不断提升制造业企业的创新能力。具体而言，可以依托高校、科研院所等优势资源，建设一批高水平的研发机构和创新中心，推动跨学科、跨领域的创新合作。同时，加强与国内外知名企业和机构的合作，引进先进技术和创新资源，提升本省制造业企业的创新水平。

此外，河南省应注重创新平台的运营和管理。一方面，建立健全创新平台的运行机制和管理制度，确保平台的高效运转和资源的合理利用；另一方面，通过加强对创新平台的建设和管理，为制造业企业的研发活动提供有力的平台支撑和机制保障。

（二）加强人才队伍建设，提升研发实力

人才是研发体系的核心要素。河南省应加强制造业人才队伍建设，提升制造业企业的研发实力。具体而言有两个方面，一是加强人才队伍建设。既要加强对本地人才的培养和开发，通过实施人才培养计划、建立人才激励机制等方

式，培养一支具有创新精神和实践能力的制造业人才队伍，又要加大高层次人才的引进力度，吸引国内外优秀人才来豫创新创业。二是应注重人才队伍结构优化。根据制造业企业的发展需求，合理配置人才资源，确保人才队伍的专业性和多样性，从而为制造业企业的研发活动提供有力的人才保障和智力支持。

（四）深化产学研用合作，促进创新资源整合

产学研用合作是优化研发体系的重要途径。河南省应深化产学研用合作，促进制造业创新资源的整合与共享。

具体而言，在深化产学研用合作方面，河南省可以建立产学研用合作机制，推动高校、科研院所与企业之间的合作，使他们共同开展研发和技术创新活动。同时，加强产学研用合作项目的组织和实施，确保项目的顺利进行和成果的转化应用。在创新资源的整合与共享方面，河南省应通过建立创新资源共享平台、推动创新资源的开放共享等方式，提高创新资源的利用效率和创新成果的转化率。

（五）深化体制机制改革，激发创新活力

科技体制是技术创新的制度保障。河南省应深化科技体制改革，完善科技创新的体制机制，通过优化科技资源配置、加强科技项目管理、改革科技评价制度等方式，激发制造业的创新活力，提高深化产学研用合作创新效率。同时，河南省制造业企业应加强科技创新层面的开放合作，努力融入全球创新网络，推动河南省技术创新走向国际前沿。

第五章　制造业人才培养与创新团队建设

第一节　人才的作用、人才培养的现实需求与战略意义

一、人才对制造业高质量发展的作用

制造业是国民经济的重要支柱，其高质量发展对我国经济的稳定增长和产业结构的优化升级具有重要意义。在当前全球科技竞争和产业变革的背景下，人才成为推动制造业高质量发展的关键因素。人才在制造业技术创新、产业升级、管理优化和国际化发展等方面具有重要作用。为了充分发挥人才的作用，制造业企业应加大人才培养和引进力度，建立完善的人才激励机制，为人才提供良好的工作环境和发展空间。同时，政府和社会应加大对制造业人才培养的支持力度，为制造业高质量发展提供坚实的人才保障。

（一）人才是制造业技术创新的核心力量

技术创新是制造业高质量发展的核心驱动力，人才则是技术创新的源泉和根基，是创新的核心要素，创新驱动实质上是人才驱动。具有创新精神和创新能力的人才队伍，能够不断推动制造业企业在产品设计、生产工艺、材料应用等方面的技术创新，提升产品的附加值和市场竞争力。

一方面，高端人才能够引领制造业的技术研发，推动制造业向高端化、智能化、绿色化方向发展。他们通过深入研究和开发新技术、新工艺，为制造业

提供源源不断的创新动力。

另一方面，技术工人队伍是支撑中国制造、中国创造的重要力量。近年来，制造业领域涌现出了很多年轻的技能型人才。他们在企业生产加工一线中从事技术操作，具有较高的技能水平，能够解决操作性难题。他们具备丰富的实践经验和技能，能够将理论知识与实际操作相结合，推动技术成果的转化和应用。通过技能型人才的努力，制造业企业能够更好、更快地实现生产效率的提升和产品质量的提高。

（二）人才是推动制造业产业升级的重要力量

产业升级是制造业高质量发展的必经之路，而人才是推动产业升级的关键因素。具有专业知识和实践经验的人才队伍，能够推动制造业从低端制造向高端制造、从传统产业向新兴产业转型。

一方面，人才能够通过学习、研究、开发和应用新技术、新工艺，推动制造业向高端产业链延伸，提升产品的附加值和市场竞争力。同时，他们能够推动制造业向智能化方向发展，通过应用大数据、人工智能等技术，提高生产效率和产品质量。

另一方面，人才能够推动制造业向绿色化方向发展。他们能够通过研发和应用环保技术、推动节能减排等措施，降低工业生产对环境的污染和破坏程度，助力制造业实现可持续发展。

（三）人才是提升制造业管理水平的关键因素

管理水平的提升是制造业高质量发展的重要保障，而人才是提升管理水平的关键因素。具有现代管理理念和管理技能的人才队伍，能够推动制造业在流程优化、成本控制、质量管理等方面持续改进，提高制造业企业的运营效率和市场竞争力。

一方面，管理人才能够推动制造业的生产流程优化和成本控制。他们能够通过引入先进的管理理念和方法，优化生产流程，降低生产成本，提高企业的经济效益。同时，他们能够通过精细化的管理手段，实现资源的合理配置和有效利用，提高企业的资源利用效率。

另一方面，质量管理人才对于提升制造业的产品质量至关重要。他们能够通过建立和完善质量管理体系，激励企业全员参与质量管理，确保产品质量的稳定性和可靠性。通过质量管理人才的努力，制造业能够赢得消费者的信任和市场的认可，提升品牌形象和市场竞争力。

（四）人才是促进制造业国际化发展的重要支撑

国际化发展是制造业高质量发展的必然趋势，而人才是促进国际化发展的重要支撑。具有国际化视野和跨文化交流能力的人才队伍，能够推动制造业在国际市场上拓展业务、提升品牌影响力。

一方面，国际化人才能够推动制造业参与国际竞争及合作。他们具备丰富的国际贸易知识和经验，能够帮助企业了解国际市场需求和竞争态势，制定合适的国际化战略。同时，他们能够与国际同行进行深入的交流与合作，共同推动制造业企业的发展。

另一方面，跨文化交流人才对于制造业国际市场的拓展至关重要。他们具备跨文化沟通的能力，能够消除文化障碍，促进不同文化背景的人员之间的合作与交流。通过跨文化交流人才的努力，制造业企业能够更好地融入全球市场，提升国际竞争力。

二、当前制造业人才培养的现实需求

在全球经济一体化不断深入的背景下，制造业企业之间的竞争已经演变为人才的竞争。制造业企业只有紧紧抓住人才这个核心要素，不断提升人才的素质和能力，才能在激烈的市场竞争中立于不败之地，对河南省制造业企业而言，亦是如此。因此，河南省制造业企业应高度重视人才培养工作，将人才战略作为高质量发展的重要组成部分，为自身的长远发展奠定坚实的基础。

（一）对高技能人才的需求日益增长

随着制造业向高端化、智能化、绿色化方向转型，制造业企业对高技能人才的需求日益增长。这些人才通常具备深厚的专业知识、丰富的实践经验和较强的创新能力，能够解决复杂的技术问题和推动技术创新。在高端装备制造、新材料、新能源等领域，企业对高技能人才的需求尤为迫切。

（二）对复合型人才的需求逐渐凸显

随着制造业的跨界融合和产业链的延伸，企业对复合型人才的需求逐渐凸显出来。这类人才不仅具备扎实的专业基础，还具备跨学科的知识结构和良好的沟通能力，能够在多个领域和部门之间进行有效的协作和创新。在智能制造、工业互联网等新兴领域，企业对复合型人才的需求尤为旺盛。

（三）对传统技能型人才的需求依然较高

尽管制造业企业高技能人才和复合型人才的需求不断增长，但传统技能型人才在制造业中依然占据着重要地位。这些人才通常工作在生产一线，具备熟练的操作技能和丰富的实践经验，能够保障生产线的稳定运行和产品质量的稳定提升。在传统制造业领域，企业对技能型人才的旺盛需求依然存在。

三、加强制造业人才培养的战略意义

2022 年，中共中央办公厅、国务院办公厅印发了《关于加强新时代高技能人才队伍建设的意见》(以下简称《意见》)，针对如何加大高技能人才培养力度、完善技能导向的使用制度，进行了详细部署。专家认为，《意见》从国家层面对加强新时代高技能人才队伍建设做了体系性、纲领性的强化，标志着中国对于技术工人的培养、使用、奖励等的基本制度框架和政策框架已经形成。《意见》明确指出，加强高级工以上的高技能人才队伍建设，对巩固和发展工人阶级先进性，增强国家核心竞争力和科技创新能力，缓解就业结构性矛盾，推动高质量发展具有重要意义。

（一）提升国家竞争力，推动社会进步

人才是社会发展的重要支柱，是改革发展的重要资源，是推动国家进步的关键因素，是提升国家综合竞争力的关键支撑。加强人才培养，提高人才素质和创新能力，意味着提高国民的整体素质和能力水平，进而推动科技创新、产业升级和社会进步。"培养造就大批德才兼备的高素质技能人才，是国家、民族长远发展的大计。""谁在人才上占有优势，谁就能在科技上占领制高点。"在全球化竞争中，拥有高素质人才的国家往往能够占据制高点，赢得更多的发展机遇。此外，人才培养有助于优化国家人才结构，提升人才队伍的整体质量。通过加大对高端人才、创新型人才的培养力度，可以为国家培养更多具有战略眼光、创新能力和国际视野的人才，为国家的长远发展提供有力的人才保障。

（二）促进产业升级，提升经济发展质量

随着科技的不断进步和产业结构的不断升级，企业对人才的需求也日益高端化、专业化。加强制造业人才培养，有助于推动制造业向高端化、智能化、绿色化方向发展，提升经济发展的质量和效益。在高端制造业、现代服务业等新兴产业领域，企业对高素质人才的需求尤为迫切。通过培养具备专业技能和创新精神的人才，可以推动新兴产业的快速发展，提升国家在全球产业链中的地位。同时，制造业人才培养有助于传统产业的转型升级。在人才的支持下，制造业企业可以通过引入新技术、新工艺和新管理模式，提高传统制造业的竞争力和可持续发展能力。

（三）增强企业创新能力，提升市场竞争力

企业是市场经济的主体，也是人才培养的重要载体。加强制造业人才培养，有助于增强企业的创新能力，提升企业的市场竞争力。

创新是企业发展的核心竞争力，而人才是创新的源泉。通过培养具备创新思维和实践能力的人才，制造业企业可以不断推出新产品、新技术和新服务，满足市场需求，赢得客户的青睐。人才培养有助于制造业企业优化人才结构，提升员工队伍的整体素质和能力水平，为其实现高质量发展提供有力的人才支持。

此外，人才培养还有助于企业文化的建设和传承。优秀的企业文化能够激发员工的归属感和创造力，提升企业的凝聚力和向心力。制造业企业可以通过加强人才培养，将其价值观和经营理念传递给员工，使全体员工形成共同的价值追求和行为规范，从而促进企业的持续健康发展。

（四）推动社会和谐，实现可持续发展

人才培养不仅关乎经济发展和国家竞争力，还对社会和谐与可持续发展有着深远影响。通过普及教育、提升民众素质等方式，可以缩小社会差距、促进社会公平，增强社会的凝聚力和稳定性。同时，传统制造业在生产过程中会消耗大量的资源，如原材料、能源等；会产生大量的废弃物和污染物，而高素质人才在环境保护、资源利用等方面具备更强的意识和能力，有助于推动传统制造业企业的转型升级，进而实现绿色发展、可持续发展的目标。

（五）应对全球挑战，提升国际影响力

在全球化的背景下，各国之间的联系日益紧密，国际竞争也日趋激烈。加强制造业人才培养，有助于提高我国制造业的国际影响力，让"中国制造"在国际上拥有话语权，以更好地应对全球性挑战。

在国际舞台上，具有国际视野和跨文化交流能力的高素质人才能够展示国家的实力，提升国家的国际地位和影响力。

（六）优化人力资源配置，提高社会效益

加强人才培养有助于优化制造业企业的人力资源配置，提高制造业企业的社会效益。制造业企业可以通过对人力资源的合理配置和高效利用，提高员工个人的工作能力和生活质量，从而使其为企业、社会创造更多的经济效益和社会效益。同时，优秀的人才能够发挥其榜样作用，带领其他员工积极参与企业的各类创新活动，在企业内部形成良好的学习氛围和团队协作精神，为企业文化的建设和长远发展奠定坚实的基础。

第二节　河南省制造业人才培养存在的问题与改进方向

一、河南省制造业人才培养存在的问题

随着经济社会的发展和教育改革的深入推进，河南省在制造业人才培养方面取得了一定进展，但也暴露出一些问题。这些问题涉及教育资源配置、教育体制、产学研用合作、人才培养机制以及师资队伍建设等多个方面。

（一）教育资源配置不够均衡

教育资源的配置是影响人才培养质量的关键因素之一。然而，在河南省，教育资源的配置仍存在明显的不均衡现象。

第一，城乡之间的教育资源差距较大。城市地区的教育资源相对丰富，学校设施完善，师资力量雄厚，而农村地区普遍面临教育资源匮乏、设施落后等问题。这种不均衡的教育资源配置严重地影响了农村地区学生的学习基础和今后发展。

第二，不同区域之间的教育资源也存在差异。一些经济发达的地区能够投入更多的资金用于支持教育事业的发展，一些经济相对落后的地区则面临着教育投入不足的问题。这种差异不仅影响了当地教育的整体水平，也制约了当地人才的培养和引进。

（二）教育体制的创新性不足

教育体制作为教育组织、管理和运行方式的总称，对于人才的培养起着至关重要的作用。然而，河南省当前的教育体制存在一定程度的僵化现象，制约了人才的创新能力培养。

一方面，传统的应试教育体制仍占主导地位。在这种体制下，学校和教师

往往注重学生考试成绩的提高，而忽视了对学生综合素质和创新能力的培养，导致很多学生在学习中缺乏主动性和创造性，难以适应社会发展的需求。另一方面，高等教育机构的自主性和灵活性不高。我国普通高等学校本科制造类专业主要有机械设计制造类、自动化类、机电设备类、汽车类四大类。以汽车类为例，其专业有：车辆工程、汽车运用工程、汽车服务工程、汽车热能与动力工程、汽车交通安全工程、汽车物流、汽车市场营销等，专业类别丰富多样，但在课程设置、教学方法等方面受到较多的限制和约束，难以根据市场需求和学科发展趋势进行灵活调整，这在一定程度上限制了高校的创新能力和人才培养质量。

（三）产学研用合作不够紧密

产学研用合作是人才培养的重要途径之一。然而，在河南省制造业中，产学研用合作不够紧密，科技成果转化率比较低，制约了人才培养的实际效果。

一方面，高校与制造业企业之间的合作机制不够完善。尽管河南省在推动制造业产学研用合作方面进行了很多尝试和努力，但仍然存在合作不够深入、缺乏长效机制等问题，导致很多科研成果难以转化为实际生产力。另一方面，政府对产学研用合作的支持和引导力度还不够。政府在制定相关政策时，往往缺乏对产学研用合作的深入研究和全面考虑，导致政策实施效果不佳。此外，政府在资金、税收等方面对制造业企业的支持也存在不足，难以激发企业和高校参与产学研用合作的积极性。

（四）人才培养机制有待完善

人才培养机制是影响人才培养质量的关键因素之一。然而，河南省个别高校当前的人才培养机制还存在一些问题，缺乏针对性和实效性。

一方面，高校的人才培养目标不够明确。在人才培养过程中，高校往往缺乏对市场和行业需求的深入调研和分析，导致人才培养的目标与实际需求脱节。

在这种情况下，很多毕业生在就业市场上难以找到合适的工作，影响了高校人才培养的实际效果。另一方面，人才培养的模式和方法单一。目前，河南省制造业人才的培养主要依赖于传统的课堂教学和实习实训等方式，缺乏多样化和创新性的培养方式，导致很多学生在学习中不能很好地积累实践经验和培养创新能力，在毕业并进入制造业企业工作后难以适应快速变化的工作要求和工作环境。

（五）师资队伍建设相对滞后

师资队伍是人才培养的核心力量。然而，河南省各高校及制造业企业在教学和培训方面仍存在师资队伍建设相对滞后、缺乏高素质的教师资源等问题。一方面，教师的整体素质和能力水平有待提高，很多教师缺乏实际的制造业工作经验，这在一定程度上制约了制造业人才培养的质量和水平。另一方面，教师的引进和培养机制不够完善。目前，河南省在引进和培养制造业高层次人才方面还存在一些障碍和困难，如待遇不够优厚、发展机会有限、教师的继续教育和专业发展机会不足，难以跟上制造业技术的更新速度；高校教师队伍的科研能力和创新意识有待提高等。这些问题在一定程度上导致河南省一些优秀的教师资源流失到其他地方，也限制了当地教育事业的发展。

二、河南省制造业人才培养的改进方向

随着时代的发展，河南省在制造业人才培养方面取得了一些成就，为河南省制造业高质量发展提供了一定的人才支撑，但也面临着诸多挑战和问题。为了进一步提升制造业人才培养的质量和水平，河南省需要从教育资源配置、教育体制改革、产学研用合作、人才培养机制以及师资队伍建设等多个方面进行人才培养方法或模式的改进和创新通过这些改进和创新措施的实施，河南省将进一步优化人才培养环境，提高人才培养质量，为经济社会发展提供有力的人才保障和智力支持。

（一）优化教育资源配置，促进教育均衡发展

均衡配置教育资源是提升人才培养质量的基础。河南省应加大对农村地区和经济相对落后地区的教育投入，改善教育基础设施，提高教师队伍素质，缩小城乡和区域之间的教育差距。同时，河南省应加强对教育资源的统筹规划和科学布局，确保各类教育资源的合理配置和高效利用，为将来更好地培养制造业人才奠定基础。

（二）深化教育体制改革，激发教育创新活力

教育体制的改革是人才培养的关键所在。河南省应进一步推进教育体制的改革创新，打破传统应试教育的束缚，建立以学生为本、注重综合素质和创新能力培养的教育体系；使高校拥有更多的自主权和灵活性，能够根据市场需求和学科发展趋势调整制造类专业设置和课程内容。此外，河南省应建立多元化的教育评价体系，鼓励学生发展个性和特长，培养他们的创新意识和实践能力。

（三）加强产学研用合作，促进科技成果转化

产学研用合作是人才培养的重要途径。河南省应积极推动高校、科研机构与制造业企业之间的深度合作，建立紧密的产学研用合作机制。例如，鼓励高校、科研机构与制造业企业通过共同开展科研项目、共建实验室、共享科研成果等方式，实现资源共享和优势互补，推动制造业科研成果的转化和应用。同时，政府应加大对产学研用合作的政策支持和资金扶持力度，为合作各方提供良好的合作环境与条件。

（四）完善人才培养机制，提高人才培养质量

人才培养机制是影响人才培养质量的关键因素。河南省应进一步完善制造业人才培养机制，明确制造业人才培养的目标和方向。首先，要加强市场调研

和需求分析，了解行业和市场对人才的需求变化，为人才培养提供科学依据。其次，要建立多元化的培养方式，注重实践教学、创新创业教育和国际交流等方面的意识和能力的培养，提高学生的综合素质和创新能力。最后，应建立健全人才评价和激励机制，提高制造类专业学生学习本专业知识和技能的积极性，在专业教学中激发学生的创造力。

（五）加强师资队伍建设，提升教师综合素质

教师是一所学校进行人才培养的核心力量。河南省应高度重视各高校制造类专业师资队伍建设，提升任课教师的整体素质和能力水平。一方面，要加强教师的培养和引进工作，吸引更多高层次人才加入教师队伍，提高教师队伍的整体素质。另一方面，要加强教师的培训和进修工作，为教师提供更多的专业成长和实践探索机会，提高教师的专业素养和教学能力。同时，应建立和完善的教师评价和激励机制，激发教师的工作热情和创造力。

（六）推进信息化建设，提升人才培养效率

信息化建设是提升人才培养效率的重要手段。河南省应积极推进教育信息化建设，利用现代信息技术手段改进高校制造类专业的教学方式和方法。通过建设数字化校园、推广在线教育、开发智能教学系统等方式，实现教育资源的共享和优化配置，提高高校制造类专业的教学效果。同时，河南省应加强对高校制造类专业学生信息素养的培养，提高他们的信息技术应用能力和创新能力。

（七）强化国际交流与合作，提升人才培养国际化水平

国际交流与合作是提升制造业人才培养国际化水平的重要途径。河南省应积极推进高等教育国际化进程，加强本省高校与国际知名高校、科研机构的合作与交流。例如，通过开展合作办学、引进国外优质教育资源、互派留学生等

方式，鼓励制造业企业加大人才培养投入力度，支持高校制造类专业任课教师、学生参与国际学术交流和科研项目合作，拓宽学生的国际视野，提高学生的跨文化交流能力。

第三节 创新团队的定义、价值与组建细节

一、创新团队的定义和价值

（一）创新团队的定义

创新团队是指由一群热衷创新、拥有互补技能的个人组成的小组，共同致力于实现创新目标的团体。创新团队一般具有目标明确、协作高效、思维开放、风险承担、持续学习、创新驱动的特点。

（二）创新团队的价值

创新团队的价值是能够推动企业持续创新发展，提升企业核心竞争力。在这样的队伍中，团队成员的创造力和主动性容易得到激发，从而为企业注入强大动力。同时，良好的创新氛围和协作文化也将催生更多创意与突破。

二、创新团队的组建细则

（一）创新团队的组建原则

1. 目标明确

明确创新团队的目标和任务，确保全体成员目标一致，方向明确。

2. 文化契合

注重成员之间的价值观、工作方式等的互补性，营造良好的创新氛围。

3. 条件匹配

根据创新目标，选拔拥有必要技能与经验的成员，确保团队配置合理。

4.动力激发

建立完善的激励机制，充分调动成员的积极性和创造力。

（二）创新团队成员的选拔与培养

1.创新团队成员的选拔

建立出色的创新团队，需要从人员选拔入手，仔细挑选具备创新潜力的优秀人才。选拔创新团队成员的关键在于评估候选人的专业技能、创新思维、团队合作等综合素质，并根据创新目标和团队需求进行精准匹配。

2.创新团队成员的培养

（1）专业培训

针对团队成员的技能短板，提供针对性的专业培训，提升其核心能力。

（2）创新思维

组织创新方法和工具的学习，培养团队成员的创新思维和解决问题的能力。培养团队成员的开放思维和创新意识，鼓励他们主动思考和探索新的解决方案。第一，组织创新沙龙和头脑风暴活动，为团队提供更多交流和激发创新灵感的机会。第二，鼓励团队成员参与行业前沿学习和跨界交流，拓宽视野，获取新知识和创新灵感。第三，建立创新导师制度，让经验丰富的团队成员对初入创新团队的成员进行指导和培养。第四，定期进行创新思维测评和培训，帮助团队成员系统掌握创新方法和技能。

（3）协作学习

鼓励团队成员之间的互相学习和交流，促进知识和经验的共享。

（三）创新团队的资源配置

为了确保创新团队能够顺利开展工作，需要合理配置各种资源。这包括充足的资金支持、先进的技术设备、专业的咨询服务，以及跨部门的人才调配等，同时要做好资源的动态管理和优化调整，确保创新团队拥有充足的条件持续创新。

创新团队要主动整合外部创新资源，与高校、科研机构、行业专家等建立广泛联系，通过互利合作获取前沿技术、市场信息和人才支持。同时，要积极参与行业论坛和交流活动，与同行业公司、投资机构等建立紧密联系，共享创新成果和经验。

（四）创新团队的绩效考核激励机制

1.创新团队的绩效考核

有效的绩效考核机制是确保创新团队持续高效运作的关键。考核应既关注团队的整体成果，也关注个人的贡献度；既有定量指标，也有定性评估，充分反映创新团队的综合表现。同时，绩效反馈应及时、公正、具有建设性，促进团队成员的持续进步。创新团队绩效考核的内容一般包括以下几个方面：

一是创新成果产出的数量、质量和创新程度；二是团队合作效率，包括团队协作水平、沟通的质量和效率，以及冲突的产生频率与化解情况；三是团队成员个人的贡献度，包括创意输出情况、专业技能水平和工作责任心等。

2.创新团队的激励机制

创新团队的激励机制一般包括以下几个方面：

（1）业绩激励

建立与团队绩效挂钩的薪酬激励体系。

（2）成长发展

为团队成员提供职业发展通道和培训支持。

（3）文化认同

营造重视创新、尊重创新的企业文化氛围。

创新团队的激励机制需要系统性考虑，既要通过绩效挂钩的薪酬激励，也要为团队成员提供职业发展通道和培训支持，同时营造鼓励创新、尊重创新的企业文化环境，充分调动团队成员的积极性和创造力。

（五）创新团队的沟通协作

1.沟通畅通

创新团队需要建立开放透明的沟通机制，鼓励团队成员频繁交流想法和进展，消除信息孤岛。

2.协作高效

团队成员应互相理解，相互支持，通过分工协作、信息共享来高效完成创新任务。

3.冲突化解

面对分歧和矛盾，团队需要采取平和包容的态度，以积极建设性的方式化解分歧。

4.知识共享

鼓励团队成员分享知识和经验，营造良好的学习型组织文化，提升整体创新能力。

（六）创新团队的风险管理与知识管理

1.创新团队的风险管理

（1）识别潜在风险

密切关注团队内外部可能出现的各类风险，包括技术、市场、资金等方面的不确定性。

（2）加强过程管控

建立健全的风险监控和评估机制，及时发现并控制风险苗头，确保创新过程稳步推进。

（3）制订应急预案

针对各类风险制订详细的应急预案，明确风险应对措施和责任分工，提高团队应变能力，

（4）共享风险信息

鼓励团队成员及时沟通和反馈风险信息，增强全员风险意识，促进协同应对。

2. 创新团队的知识管理

创新团队的知识管理主要涉及知识的共享（鼓励团队成员积极分享知识和经验）、记录（建立系统化的知识管理机制）、应用（将知识转化为创新成果）和创新（持续推动知识的创新与迭代）四个方面。

其中，团队创新成果的转化效果可以从以下四个维度来衡量：第一，转化速度。创新团队需要建立高效的成果转化机制，快速将创新理念转变为具体产品或方案，缩短研发周期。第二，推广应用。团队要积极将创新成果推广到更广泛的应用场景，扩大影响力，帮助客户或用户解决实际问题。第三，商业化运营。创新成果要结合市场需求进行商业化运营，要制定合理的定价策略和营销方案，实现创新价值的变现。第四，持续优化。创新团队要持续关注用户反馈，不断优化完善创新成果，确保其能够持续满足客户的需求。

创新团队需要建立完善的知识管理体系，鼓励成员主动分享积累的宝贵知识和经验，并建立系统化的知识管理机制，将知识高效地转化为创新成果；创新团队必须掌握并灵活运用各种创新方法，包括头脑风暴、全景分析、关联思维、设计思维等，在解决问题和生成创意时发挥最大效用，帮助团队成员突破思维定式，发掘潜在机会。同时，创新团队要关注行业前沿知识和新兴的创新迭代开发等方法，以增强创新团队的灵活性，加快响应速度，确保创新动力的可持续性。

　　此外，创新团队要制定切实可行的战略规划，明确团队的使命、愿景和战略目标。团队还需要整合内外部创新资源优化配置，确保战略目标的实现，同时要制订详细的执行计划，并建立健全的绩效评估体系，及时纠正偏差。最后要根据市场变化情况适时调整战略方向，确保创新团队能够持续保持竞争力。

第四节　河南省制造业创新团队建设现状与发展建议

一、河南省制造业创新团队建设现状

近年来，河南省高度重视制造业创新团队的建设工作，通过政策引导、资金投入和人才培养等措施，推动创新团队不断发展壮大。目前，河南省已经形成了一批具有较高水平、特色鲜明的创新团队，涵盖了新材料、新能源、机械制造、环境保护、生物医药、电子信息等多个领域。

以下是几个典型团队的建设情况：

2010年批准成立的河南省数字化制造与轻工装备创新型科技团队。该团队依托河南省机械装备智能制造重点实验室，研究轻工装备数字化设计与制造的理论与方法，探索模型—数据混合驱动的轻工装备数字化设计与制造的关键技术，开发轻工装备数字化设计与制造新产品与新技术，形成了四个稳定的研究方向：复杂产品数字化设计与制造；轻工装备机电系统仿真与控制；轻工装备机构设计与优化；机械装备智能故障诊断与性能预测。

2012年批准成立的河南省工业机器人技术及其应用创新型科技团队。该团队依托河南省机械装备智能制造重点实验室，重点研究先进机器人结构、感知、控制、系统集成等前沿与关键核心技术，开发机器人及机电一体化装备与系统，形成了四个稳定的研究方向：仿生机器人理论与技术、包装机器人技术与应用、机电系统动力学与控制、机器视觉与光电检测技术。

2014年批准成立的河南省先进材料制备与力学测试技术创新型科技团队。该团队面向机械制造和材料行业对先进材料的迫切需求，致力于先进材料的制备、加工及测试技术的开发和应用研究，推动新材料技术的创新和产业化，形成了摩擦磨损与表面工程、粉末冶金／增材制造、轻质合金材料与成形技术三个研究方向。

2016 年批准成立的河南省机械（轻工）装备设计及运行保障关键技术研究与应用创新型科技团队。该团队依托河南省机械装备智能制造重点实验室，研究机械（轻工）装备设计理论与方法，探索机械系统故障机理及保障设备安全可靠运行的关键技术，开发机械（轻工）装备新产品及新技术，形成了三个稳定的研究方向：机械（轻工）装备现代设计方法及应用研究，机械系统的状态监测与智能维护，机械（轻工）装备复杂件的形貌性能检测以及反求设计。

2017 年批准成立的河南省环境污染与健康创新型科技团队。该团队依托河南省空气污染健康效应与干预国际联合实验室，主要研究方向包括：环境污染健康效应、机制与干预，基于机制的职业病精准防治，环境有害因素检测方法和技术及环境暴露健康效应的智能评估与预测系统等。该团队预计经过 3—5 年的建设，大幅度提升科技创新能力。

这些团队以高校、科研院所和企业为主体，依托重点实验室、工程技术研究中心等平台，开展了一系列具有前瞻性和创新性的研究工作，在科研领域取得了显著成果。团队成员普遍具有较高的学术水平和创新能力，能够紧跟国际科技前沿，为解决国家和地方经济社会发展中的重大问题提供科技支撑。他们围绕国家和地方重大需求，开展了一系列基础研究和应用研究，取得了一系列具有国际先进水平的科研成果。这些成果不仅为河南省的科技进步和产业发展提供了有力支撑，也为国家层面的科技创新作出了重要贡献。

河南省的省实验室建设始于 2021 年，当年 7 月起，嵩山实验室、神农种业实验室、黄河实验室三家省实验室在百日之内相继揭牌运营。2022 年，龙门实验室等五家省实验室先后揭牌，推动形成了以省实验室为核心、优质高端创新资源协同创新的"核心＋基地＋网络"的创新格局。2024 年 2 月底，蓝天实验室等四家省实验室和中原人工智能等五家省产业技术研究院集中揭牌。在不到三年的时间里，河南省的省实验室"天团"扩充至二十家。通过汇聚全国优势资源，进行前沿性、基础性研究，这些实验室将成为河南乃至全国相关领域科技创新的策源地，对于提升产业竞争力和推动经济社会持续健康发展具有重大意义。据顶端新闻报道，本次揭牌的四家省实验室分别聚焦低空经济、化工新材料、电气和茶产业等领域，这些都是河南省传统优势产业和新兴产业的代表，显示了河南省在推动传统产业升级和新兴产业培育上的双管齐下。河南省在实验室建设上的布局，不仅体现了其对科技创新的高度重视，也反映了其对区域发展不均衡问题的深刻认识。最新批次的省实验室，分别位于安阳市、濮阳市、许昌市、信阳市。这将通过科技创新带动区域协调发展，缩小地区间的科技发展差距；并提升各地区的科技水平，有效促进人才、资金等创新要素的流动和集聚，形成全省域内创新驱动发展的良好局面。

2023 年 9 月，河南省教育厅发布了《关于公布 2024 年度河南省高校科技创新团队和创新人才支持计划名单的通知》（以下简称《通知》），公布了 2024 年度河南省高校科技创新团队支持计划和河南省高校科技创新人才支持计划入选名单。《通知》指出，2024 年度河南省高校科技创新团队和创新人才支持计划的实施期限均为 2024 年 1 月至 2026 年 12 月。工作要求是：团队和人才计划承担者须按照计划资助金额和期限，细化研究方向、创新路径、预期成果等目标，登录河南省高校科技管理云服务平台，分别填写《河南省高校科技创新团队支持计划任务书》和《河南省高校科技创新人才支持计划任务书》（可在河南省高校科技管理云服务平台下载），于 2023 年 10 月 10 日前通过云服务平台在线提交，经学校和省教育厅管理员审核通过后存查，作为计划验收依据之一；团队和人才计划承担高校按要求落实学校资助经费，并积极创造条件，保障承担者科研和教学所需，同时加强对承担者的跟踪管理，严格考核，将计划执行过程中出现的问题和建议及时报送计划实施领导小组办公室；团队和人才计划实施领导小组办公室将依托云服务平台对各单位执行情况进行绩效考核，采取动态管理，将承担单位组织管理与计划执行、结题情况作为领导小组核定下一年度各单位申报名额的主要依据，并适时组织专家开展项目结项验收等工作。

尽管河南省在制造业创新团队建设方面投入了一定的资金和资源，也取得了优异的成绩，但与一些先进地区相比，其仍存在一些问题。比如，创新团队建设投入仍显不足，在一定程度上制约了创新团队的发展速度和创新能力；创新团队的跨领域、跨学科协作还有待加强，这不利于形成合力解决复杂性和综合性的科技问题；成果转化机制仍不够完善，一些优秀的科研成果难以迅速转化为实际生产力，影响了科技创新对经济社会发展的推动作用。

二、关于河南省制造业创新团队建设的几点建议

其一，在资料和资源投入方面，河南省应进一步加大对创新团队建设的投入力度，提高资源配置效率，通过设立专项资金、建设高水平科研平台等措施，为创新团队提供更好的发展环境和条件。

其二，在创新团队的跨领域、跨学科协作方面，河南省应积极推动创新团队之间的协作与交流，使其形成合力，以更好地解决制造业的重大科技问题，并通过举办学术会议、建立合作研究机制等方式，促进不同领域、不同学科之间的交叉融合和创新发展。近年来，河南省在创新团队建设方面已经取得了显著进展，但仍需面对一些问题和挑战。未来，河南省应继续加大投入力度、加强团队间协作与交流、完善成果转化机制。同时，加强团队建设与管理，提升团队整体实力，通过优化团队成员结构、加强团队文化建设等措施，提高团队的凝聚力和创新能力，推动创新团队不断发展壮大，为制造业高质量发展提供有力支撑。

其三，河南省应进一步完善制造业科技成果转化机制，推动创新团队的科研成果快速转化为实际生产力，通过加强与企业的合作、建立科技成果转化平台等措施，促进科技创新与产业发展的紧密结合。一方面，深化产学研用合作，推动科技成果转化。加强创新团队之间的合作与交流，建立紧密的产学研用合作机制，促进科技成果的转化和应用。另一方面，拓展国际科技合作与交流范

围，提升创新团队与合作企业的国际影响力。鼓励制造业企业自主组建创新团队，邀请省内创新型科技团队积极参与企业研发与国际科技合作项目，推动河南省制造业创新团队及其科技创新事业走向国际前沿。

综上所述，河南省创新团队展现出多元化的趋势和鲜明的特征。通过加大资金和资源投入力度、加强团队建设与管理、深化产学研用合作以及拓展国际科技合作与交流等措施，可以进一步推动河南省创新团队发展壮大，为河南省乃至全国的制造业科技创新和促进我国经济社会发展贡献更多力量。

第六章　制造业科技成果转化

　　科技成果转化是实现科技创新与经济发展深度融合的纽带，科技成果转化的效率高低直接决定了科技能否进步以及促进经济社会发展的价值大小。然而，就当前阶段来讲，我国的科技成果转化率并不高。具体而言，我国科技成果转化率总体还不足30%，呈现出"成果多、转化少、推广难"的现象。究其原因，有学者认为，我国科技成果长期以来转化不力的重要原因是科技成果与市场需求脱节，无法适应市场生产力发展的现实需要；有学者认为，科技成果转化、评价和激励机制不完善是一个主要原因；还有学者认为科技成果转化纠纷是阻碍科技成果转化的重要因素；等等。作为我国重要的经济大省，河南省在制造业科技成果转化方面同样面临着上述问题。因此，本章在简要了解科技成果的定义和类型、科技成果转化的内涵与意义、科技成果转化的主要方式的基础上，列举了河南省科技成果转化的典型案例，并提出了河南省制造业科技成果转化模式的改进方向，希望能够为河南省制造业科技成果转化提供参考，助力河南省更好地探索制造业高质量发展创新驱动路径。

第一节　科技成果转化的重要性

一、科技成果的定义和类型

（一）科技成果的定义

所谓科技成果，是指人们在科学技术活动中通过复杂的智力劳动所得出的具有某种被公认的学术或经济价值的知识产品。中国科学院在《中国科学院科学技术研究成果管理办法》中把科技成果的含义界定为：对某一科学技术研究课题，通过观察试验和辩证思维活动取得的具有一定学术意义或实用意义的结果。

科技成果涉及的主体主要有三类：一是科技成果完成者，包括科技成果完成单位和科技成果完成人（包括发明人或设计人）；二科技成果实施者，包括科技成果转化人（主要是企业），投资科技成果转化的人（即投资者），以及为科技成果转移转化提供服务的人（服务者）；三是科技成果的使用者，即运用科技成果及其产品或服务的人（顾客、消费者等）。

科技成果并不等同于知识产权，主要原因在于：第一，从权利表现形式上看，科技成果的权利表现形式通常是知识产权，如专利权、计算机软件著作权、植物新品种权、集成电路布图设计专用权等，但其形式不仅仅是知识产权，也可以是技术秘密或其他具有实用价值的成果。第二，从数量对应关系上看，一项科技成果可以是一项知识产权，也可以是多项知识产权，又或是一项或多项知识产权和非知识产权的成果的综合。第三，二者绝非一一对应的关系，只是在部分阶段可能存在交叉重合。基于知识产权的特点，实践中用于转化的大部分科技成果都是以知识产权为表现形式的，如专利权、计算机软件著作权等。

（二）科技成果的类型

科技成果类型多样，按其研究性质分为基础研究成果、应用研究成果和发展工作成果；按其形态分为有形成果和无形成果；按其水平分为国际先进水平成果、国际水平成果、国内先进水平成果、省市先进水平成果。

二、科技成果转化的内涵与意义

（一）科技成果转化的内涵

科技成果转化是指为提高生产力水平而对科学研究与技术开发所产生的具有实用价值的科技成果所进行的后续试验、开发、应用、推广直至形成新产品、新工艺、新材料，发展新产业等活动。通俗地讲，科技成果转化就是将科研机构或高校等创新主体取得的科技成果，通过技术转移、产业化应用等方式转化为现实生产力，实现经济效益和社会效益的过程。这一过程涉及科技成果的评估、对接、转化和应用等多个环节，是制造业企业创新链条中不可或缺的一个环节。

关于科技成果及其转化的内涵，《河南省促进科技成果转化条例》指出："本条例所称科技成果，是指通过科学研究与技术开发产生的具有实用价值的成果。本条例所称职务科技成果，是指执行研究开发机构、高等院校和企业等单位的工作任务，或者主要是利用上述单位的物质技术条件所完成的科技成果。本条例所称科技成果转化，是指为提高生产力水平而对科技成果进行的后续试验、开发、应用、推广直至形成新技术、新工艺、新材料、新产品、新服务、新标准、新模式，发展新产业等活动。"

（二）科技成果转化的意义

科技成果转化的意义在于将科技创新的成果转化为实际的生产力，推动产业升级和经济发展。通过科技成果的转化，可以实现科技与经济的深度融合，提高制造业的技术水平和市场竞争力，进而推动经济高质量发展。对制造业高质量来说，科技成果转化的具体意义如下：

1. 科技成果转化推动新技术应用与普及

科技成果转化是指将科技创新的成果从实验室的环境转移到市场中，从理论知识转化为实际操作的过程。在这一过程中，新技术得以在现实生产活动中应用和验证，从而实现其潜在的经济和社会价值。科技成果的转化和应用，不仅能够促进新技术在产业内的广泛传播和推广，还能提升整个产业的技术水平。对制造业而言，新材料、新工艺、智能制造等科技成果的转化，能够显著地提高其生产效率和产品质量，推动其向更高端、更智能化的方向发展。

2. 科技成果转化促进产业结构优化升级

科技成果转化不仅能够推动新技术的应用与普及，还能够促进产业结构的优化升级。通过引进和转化先进的科技成果，传统制造业企业可以实现技术升级和产品换代，提高产业附加值和市场竞争力。同时，新兴产业的培育和发展也需要科技成果的支撑和引领。

在科技成果转化过程中，高校、科研机构和制造业企业之间的深度合作与协同创新发挥着重要作用。通过产学研用合作，高校、科研机构和制造业企业可以形成科技创新与产业发展的良性互动，推动制造业产业链上下游的协同创新，实现制造业产业结构的优化升级。

3. 科技成果转化提升产业核心竞争力

通过引进和转化先进的科技成果，制造业企业可以获取更多的创新资源和技术支持，提高自主创新能力，形成具有自主知识产权的核心技术和产品。这些核心技术和产品将成为制造业企业在市场竞争中的重要武器，有助于制造业企业在激烈的市场竞争中保持领先地位。此外，科技成果转化能够推动制造业的国际化发展。通过引进国际先进科技成果和开展国际合作与交流，制造业企业可以了解国际前沿技术和市场动态，拓展国际市场，提高制造业的国际竞争力。

4.科技成果转化培养创新人才与团队

科技成果转化在提升产业创新能力的过程中，还能够帮助制造业企业培养和吸引创新人才与团队。科技成果的转化与应用需要一批具有创新精神和实践能力的人才来推动和实施。通过参与科技成果转化工作，人才可以接触到最新的科技成果和市场需求，提升自己的创新能力和实践能力。同时，科技成果转化能够吸引更多的创新人才和团队加入产业创新工作中来。通过提供良好的创新环境和政策支持，制造业企业可以吸引更多的科技人才和创新团队投身于制造业科技成果转化事业，为制造业的创新提供源源不断的人才支持。

5.加强科技成果转化与提升产业创新能力的建议

政府应加大对制造业科技成果转化的政策支持力度，包括资金扶持、税收优惠、人才引进等方面。例如，通过政策引导和支持，激发包括制造业企业在内的创新主体参与科技成果转化的积极性和创造性；鼓励制造业企业加强与高校、科研机构和其他企业之间的产学研用合作，促进科技创新与产业发展的深度融合，通过产学研用合作，实现科技创新资源的共享和优势互补，推动科技成果的快速转化和应用。

科技成果转化在提升产业创新能力方面发挥着重要作用。科技成果转化通过推动新技术应用与普及、促进产业结构优化升级、提升产业核心竞争力以及培养创新人才与团队等途径，不断促进制造业创新能力的提升和发展。因此，制造业企业应充分认识到科技成果转化在提升产业创新能力中的重要作用，并采取有效措施加强科技成果转化的工作力度，为产业创新能力的持续提升提供有力支撑。

在未来的发展中，制造业企业需要不断探索和完善科技成果转化的机制和模式，以适应产业发展的新需求和新挑战，同时加强国际交流与合作，借鉴和吸收国际先进经验和技术成果，推动产业创新能力的国际化发展。

第二节　科技成果转化的主要方式

一、自行投资实施转化

自行投资实施转化是科研院所、高校或企业等市场主体将其研发的科技成果应用于本单位科研生产活动的一种科技成果转化方式。这种转化方式是科技成果持有人与科技成果转化人重合，不发生知识产权转移，科技成果所有人取得全部的转化收益，承担全部的转化风险，一般会组织科研人员进行后续研究开发，且享有后续开发成果的所有权。例如，院属全资企业、校属全资企业、研究开发机构投资设立的全资或控股企业都属于自行转化的案例。

二、向他人转让科技成果

向他人转让该科技成果是指科技成果所有人将科技成果申请的知识产权，包括专利权、软件著作权等，转让给他人的一种科技成果转化方式。最常见的形式是高校、科研院所等出让科技成果，企业受让科技成果，通过成果所有人与受让方之间签署转让协议来实施。

此种转化方式，科技成果所有权会发生变化。同时，收益与风险全部转移到成果受让方，即转让方收取的转让费，不与科技成果转化的效果直接关联，也不承担转化的风险。受让方一次性投入的费用较大，包括支付科技成果受让费、交易费用和转化科技成果的费用等，还需进行资产评估。

三、许可他人使用科技成果

许可他人使用该科技成果是指科技成果所有人将其研发的科技成果许可给他人使用的一种科技成果转化方式。最常见的形式是企业通过与高校、科研院所等订立许可使用合同，获得使用科技成果的权利，在不转移科技成果的所有权的前提下，高校、科研院所收取许可使用费。双方交易的标的是科技成果的使用权，所体现的是科技成果所有人对其使用权的处分。

科技成果许可方式知识产权不转移，所有权不变，仅仅对科技成果使用权交易。

四、以科技成果作为合作条件，与他人共同实施转化

合作实施是科研院所、院校或企业等市场主体将其研发的科技成果作为合作条件，与他人共同实施转化的一种科技成果转化方式。双方订立合作转化协议，发挥各自的优势，共同转化科技成果，并就收益共享、风险共担的办法达成共识。

一般是科研院所、高校与第三方企业合作转化，因为成本与收益分成核算难，所以转化合作协议非常重要。技术或市场不太成熟的科技成果，合作实施的双方优势互补，可快速推进项目研发、试验、生产及市场推广。

五、以科技成果作价投资，折算股份或者出资比例

科技成果作价投资是指科技成果所有人或持有人将其研发的科技成果作价投资，折算股份或者出资比例的一种科技成果转化方式。通过科技成果作价投资，取得该企业的股权，并参与该企业的经营管理，分享经营收益，分担经营风险。

科技成果作价投资以后，被投资企业取得科技成果所有权，科技成果所有权发生转移。

六、其他协商确定的方式

根据《中华人民共和国促进科技成果转化法》（2015 年修订），科技成果转化活动应当有利于加快实施创新驱动发展战略，促进科技与经济的结合，有利于提高经济效益、社会效益和保护环境、合理利用资源，有利于促进经济建设、社会发展和维护国家安全。科技成果转化活动应当尊重市场规律，发挥企业的主体作用，遵循自愿、互利、公平、诚实信用的原则，依照法律法规规定和合同约定，享有权益，承担风险。科技成果转化活动中的知识产权受法律保护。科技成果转化活动应当遵守法律法规，维护国家利益，不得损害社会公共利益和他人合法权益。

第三节　河南省科技成果转化典型案例

一、案例一

（一）案例基本信息

1. 案例名称

IC 芯片超精加工用特种异型金刚石系列关键技术研究及产业化。

2. 实施单位

河南省力量钻石股份有限公司（曾用名：河南省力量新材料有限公司），该公司成立于 2010 年，位于河南省商丘市，是一家以从事非金属矿物制品业为主的民营企业。

（二）项目成果及其转化模式解析

案例项目实施过程中联合高校院所开展产学研用密切合作，投入研发资金推进科技攻关，与其他企业合作进行用户试用和产品中试，不断完善产品工艺及配方，产品得到迅速推广，较快满足市场需要，成功实现了成果转移转化及产业化，形成了依托研究中心、工程中心、产业化中心进行产品开发、工程化及产业化，"技术团队＋成果熟化＋自行投资"的成果转移转化模式。项目实施以来近三年累计新增销售额 2.18 亿元，新增利润 5 000 余万元，相关技术填补国内空白，解决了关键原材料"卡脖子"问题，产品实现进口替代，有力推动芯片国产化，拓展了我国超硬材料应用新领域。本案例项目科技成果转化模式如图 6-1 所示 [①]。

---

① 本节图片与文字资料均来自河南省科技厅科技成果转化与区域创新处。

图6-1 科技成果转化模式图解

二、案例二

（一）案例基本信息

1.案例名称

高速数据中心光互连芯片研发与产业化。

2.实施单位

河南仕佳光子科技股份有限公司，该公司成立于2010年，位于河南省鹤壁市，是一家以从事计算机、通信和其他电子设备制造业为主的民营企业。

（二）项目成果及其转化模式解析

案例项目依托单位与中国科学院半导体研究所合作，联合鹤壁市人民政府、鹤壁·国家经济技术开发区共同成立了中国科学院半导体研究所河南研究院，在项目实施过程中，创新性地形成了"中科院半导体所提供技术和人才输出＋公司进行产品制造及市场化销售推广＋鹤壁政府及经开区提供政策支持和高效服务"的成果转移转化模式。项目产品在相关领域具有明显的技术、市场及成本优势，已销往国内外100余家光通信企业，2019年至2022年实现销售收入

10.6 亿元，利润 1.3 亿元，以项目依托单位为龙头，在鹤壁·国家经济技术开发区集聚形成了光通信上下游产业链条，有力支撑鹤壁市乃至河南省光通信产业发展。本案例项目科技成果转化模式如图 6-2 所示。

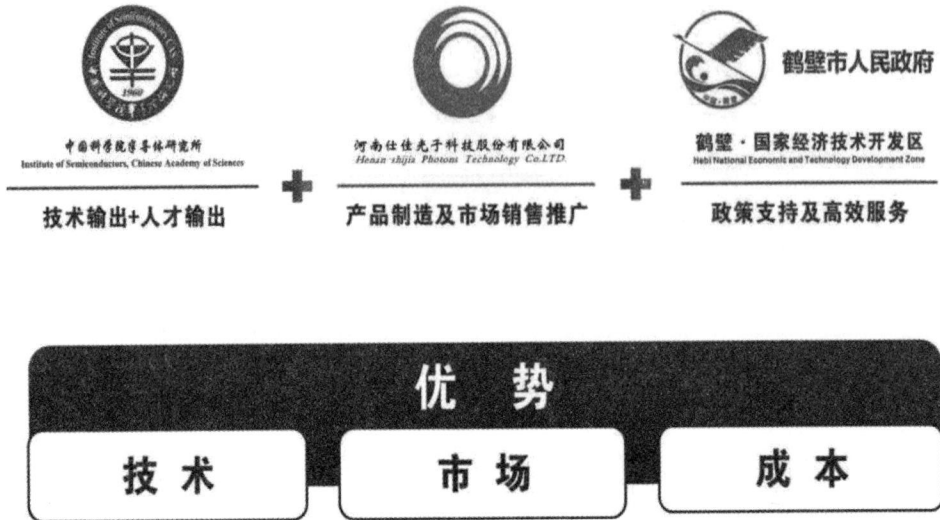

图6-2　科技成果转化模式图解

三、案例三

（一）案例基本信息

1.案例名称

新一代全钒液流电池储能技术及其关键材料研发及产业化。

2.实施单位

开封时代新能源科技有限公司，该公司成立于 2021 年，位于河南省开封市，是一家以从事科技推广和应用服务业为主的国有企业。

（二）项目成果及其转化模式解析

案例项目围绕全钒液流电池关键核心技术难题和产业化痛点开展研发创新，积极引进新一代全钒液流电池电堆技术，通过与中国科学院大连化学物理研究所、当地政府、企业及高校深度合作，构建创新"政＋产＋学＋研＋用"的成果转移转化模式，形成了技术开发、实验研究、引进消化吸收、成果转移转化的研发体系，打造了全钒液流双极板、质子膜、碳毡三大核心部件开封生产基地，实现核心物料全部自主自供自产。项目实施后，2022年获营业收入5.73亿元，年利税额2.63亿元，有效促进社会富余人员及农村剩余劳动力就业，带动产业升级改造，为区域液流电池产业升级奠定工业基础。本案例项目科技成果转化模式如图6-3所示。

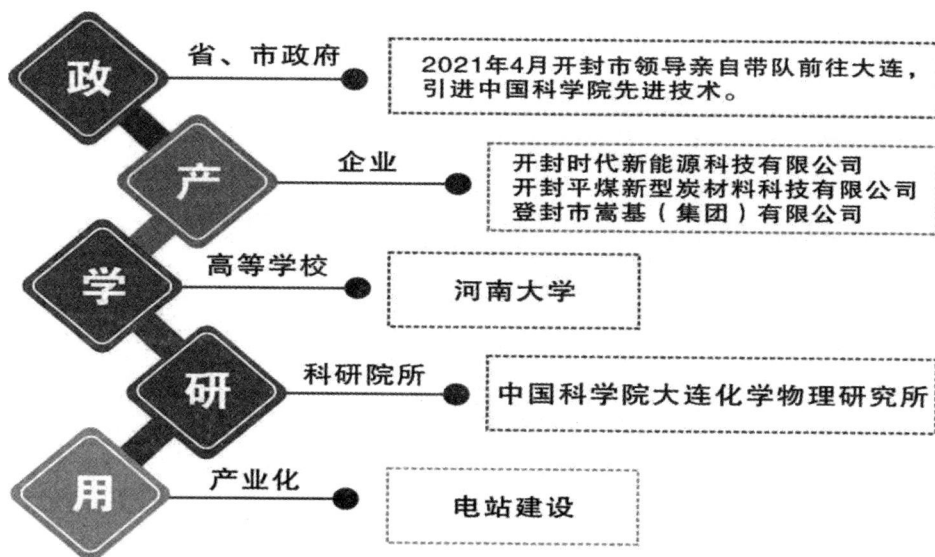

图6-3 科技成果转化模式图解

四、案例四

（一）案例基本信息

1. 案例名称

高端综采液压支架中厚板结构件自动拼焊关键技术开发及应用。

2. 实施单位

郑州煤矿机械集团股份有限公司，该公司成立于 2002 年，位于河南省郑州市，是一家以从事专用设备制造业为主的国有企业。

（二）项目成果及其转化模式解析

案例项目依托单位建立了完整的成果转移转化机制，近三年每年成果转化投入均为 3 亿元以上，组建了 800 余人的专业化人才队伍，走出了一条以项目为载体、以成果为导向、以应用为目的的科技成果转移转化之路，形成了"立项背景调查—项目研究开发—项目验收、应用评估—成果转化前期准备—实物验证—小批量推广—优化改善—成果固化、大批量推广"的成果转移转化模式。项目产品年销售额达到 13.28 亿元，年利润 7 900 万元，带动依托单位液压支架制造从手工拼焊转变为智能制造，实现了液压支架主体结构件机器人高效高质量焊接，进而带动整个煤机行业走向数字化和智能化。本案例项目科技成果转化模式如图 6-4 所示。

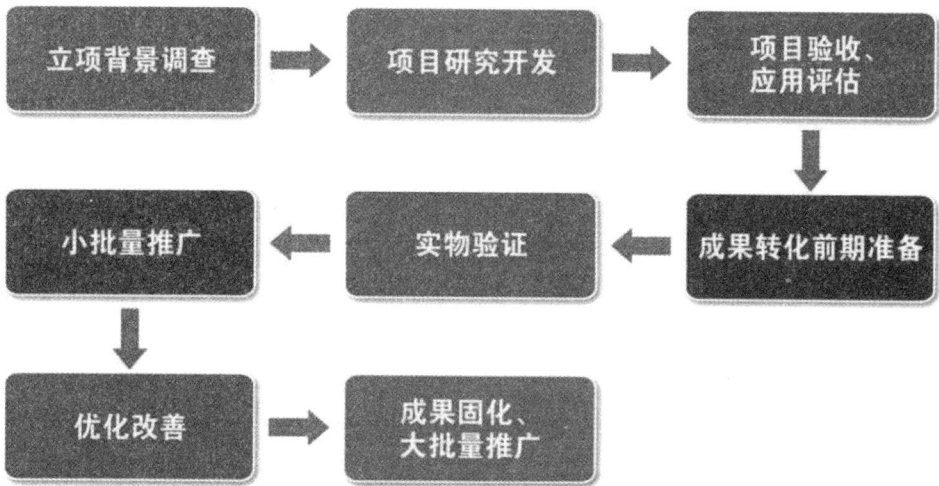

图6-4 科技成果转化模式图解

第四节　河南省制造业科技成果转化模式的改进方向

随着科技创新的加速推进，科技成果转化已成为推动经济社会发展的重要引擎。河南省作为我国重要的科技创新基地，近年来在科技成果转化方面取得了一定成效，但仍存在一些问题和面临多种挑战。为了进一步提高制造业科技成果转化的效率和质量，河南省需要在多个方面进行改进和优化。本节将从三个方面探讨河南省制造业科技成果转化模式的改进方向。

一、加强科技创新与市场需求对接

科技成果转化的核心在于将创新成果转化为具有市场竞争力的产品或服务。因此，加强科技创新与市场需求对接是改进科技成果转化模式的首要任务。河南省应积极推动科研机构和制造业企业深入了解市场需求，开展面向市场的科技创新活动，确保研发成果能够真正满足市场需求。同时，河南省应加强对制造业科技成果的宣传和推广，提高制造业科技成果的市场认知度和接受度，促进制造业科技成果的广泛应用和商业化。

二、完善科技成果转化、评价和激励机制

科技成果转化工作的顺利进行需要一个完善的机制作为保障。河南省应进一步完善科技成果转化的流程和政策，明确科技成果转化过程中的各个环节和责任主体，降低转化风险和成本。同时，加大对制造业科技成果转化的政策支持力度，包括财政资金支持、税收优惠、金融扶持等，为制造业科技成果转化提供有力保障。此外，河南省应加强中介服务机构的建设和发展，提供制造业科技成果转化所需要的专业服务和支持。

科技成果评价和激励机制对于促进科技成果转化具有重要作用。河南省应

建立科学、客观、公正的科技成果评价体系，注重制造业科技成果的实际应用价值和市场潜力，提高制造业科技成果的质量。同时，完善激励机制，对在制造业科技成果转化中有突出贡献的单位和个人给予物质奖励和荣誉表彰，激发科研人员和制造业企业的创新热情和积极性。

三、合理解决科技成果转化纠纷

目前，科技成果转化的重要性已不言而喻。然而，科技成果转化纠纷却是科技成果转化的"拦路虎"。现阶段由于未对科技成果转化纠纷进行细化分类，致使科技成果转化纠纷的解决效率低下且不够公正。本部分将从科技成果转化之成果权益归属纠纷、科技成果转化之行政管理纠纷、科技成果转化之服务费用纠纷三个方面着手，探讨具体的纠纷解决方法。

（一）科技成果权益归属纠纷及其解决方法

科技成果权益归属纠纷是科技成果转化过程中常见的争议类型。随着科学技术的迅猛发展，科技成果的集成度日益提高，其产出往往需要多个单位或个人的共同努力。这种合作模式可能导致权益归属上的纠纷。为此，《中华人民共和国促进科技成果转化法》提供了相关指导。尽管此类纠纷属于民事范畴，但解决它们的目的不仅在于明确权益，还在于推动科技成果的转化。在法律允许的范围内，应考虑适当的让步以促进转化。在许多情况下，法官可以通过诉前程序而非诉讼来解决纠纷。然而，现行的诉讼模式未能针对不同类型的科技成果转化纠纷采取差异化处理，导致诉讼成为解决所有纠纷的普遍手段，这与习近平总书记提出的"坚持把非诉讼解决机制挺在前面"的要求不符。这种做法可能导致赢得官司却失去市场的局面，不利于科技成果转化推动市场经济的发展。因此，在处理此类纠纷时，应以加速科技进步、推动经济建设和社会发展为原则，同时兼顾各方合法权益，以实现高效公正的判决。

（二）科技成果转化之行政管理纠纷及其解决方法

地方各级人民政府在科技成果转化管理中承担职责，纠纷的产生在所难免，这些纠纷属于行政性质。科技成果转化的行政纠纷通常涉及当事人对行政管理机关的决定或裁定的不服。处理此类纠纷时，不能仅限于审查行政行为的合法性，还应考虑其对科技成果转化的促进作用。审查应包括行政行为的法律依据、实体合法性及程序合法性。解决科技成果转化的行政管理纠纷不仅是为了确认行政行为的合法性并进行纠正，还应有利于科技成果转化的推进。除了加强行政诉讼和解，还应深入分析问题的根源。审查行政管理行为所依据的规范性法律文件的合法合理性，以促进科技成果转化。因此，科技成果转化的行政管理纠纷需要特别处理，并确定相应的解决模式。

（三）科技成果转化之服务费用纠纷及其解决方法

要想解决科技成果转化之服务费用纠纷，必须明确科技成果转化过程中服务费用的来源。科技成果由科研工作者创造，但科研工作者通常不擅长市场运作。科技成果转化必须经过市场化过程，这需要相关人员具备市场敏感度和资源。对大多数习惯于实验室工作的科研人员来说，这是一个陌生的领域，因此他们需要中介机构或个人提供转化服务。例如，许多高等学校为了支持科技成果转化，提高转化率，会向促进成果转化的个人或中介机构支付服务费用。专业的人做专业的事，这更有效率，也更符合市场经济规律。然而，在服务提供过程中，可能会出现关于服务费用的纠纷。尽管这类纠纷本质上属于民事范畴，但可以按照劳动报酬纠纷的方式处理，因此，调解应成为解决此类纠纷的重点。

在当前阶段，科技成果转化中的纠纷问题已成为阻碍科技成果转化的关键障碍。换言之，即便市场参与者对某项科技成果有明确需求，但若该科技成果存在未解决的争议，考虑到潜在的法律风险，市场参与者往往难以投入资金以促成该科技成果的转化。同样，法人、其他组织以及自然人也倾向避免与那些科技成果存在争议的单位或个人合作研发，以免影响科技成果的科技要素集成度的提升。鉴于法律的滞后性和科技成果转化收益的不确定性，这无疑会在科技成果转化过程中引发持续的纠纷。然而，在司法实践中，由于科技成果转化纠纷的独特性尚未得到充分考虑，所以这类纠纷往往难以得到公正和高效的解决。这就要求制造业企业树立风险意识，在加强科技创新与推动科技成果转化方面做到专业、谨慎，在国家法律及相关法规的指导下合法、合规、合理地进行科技成果转化，同时加强此方面的员工培训，使企业上下掌握科技成果转化的相关法律知识，在遇到科技成果转化纠纷时能够采取科学的解决方法，在不侵犯他人合法权益的前提下，维护好自身的科技成果转化权益。

第七章　智能制造

第一节　智能制造的内涵、特点与发展趋势

近年来，我国制造业发展迅速。我国已经是当前世界的制造大国，但是距离制造强国还有很大的距离。我国在 2015 年提出要实施"中国制造 2025"，加快从制造大国向制造强国转变。智能制造技术是当前我国制造业发展的核心技术，是我国新时期制造业的主攻方向，智能制造技术高度融合了当前新一代信息技术、人工智能等高新技术，具有不言而喻的优势，为制造业的发展指明了方向和前进的道路。随着科技的飞速发展，制造业正在经历一场前所未有的变革。智能制造作为这场变革的核心，正以其独特的魅力和强大的潜力，引领制造业向更高效率、更高质量、更可持续的方向发展。那么，智能制造究竟是什么？它的内涵包括哪些方面？它的特点是什么呢？本节将从概念、内涵与特点三个方面对智能制造进行介绍。

一、智能制造的概念与内涵

（一）智能制造的概念

智能制造是一种由智能机器和人类专家共同组成的人机一体化智能系统，在制造过程中能进行智能活动，将制造自动化的概念扩展到柔性化、智能化和高度集成化。它将智能技术、网络技术和制造技术等应用于产品管理和服务的

全过程中，并能在产品的制造过程中通过分析、推理、判断、构思和决策等，满足产品的动态需求。它将改变制造业的生产方式、人机关系和商业模式。智能制造不单单是制造行业技术上的突破，也不是简单的传统产业改造，而是信息技术和制造业的深度融合、创新集成。具体来说，智能制造是基于人工智能、大数据、云计算、（移动）互联网、物联网、VR/AR 等新一代信息技术，面向设计、生产、管理、服务等服务型制造全要素，整合智能行为、智能感知、智能决策三个核心环节的先进制造过程、系统与商业模式的总称。换言之，智能制造能够通过集成新一代信息技术，实现制造过程的数字化、网络化、智能化，从而提高制造效率、降低制造成本、提升产品质量、增强企业竞争力。

智能制造并非简单的技术叠加或应用，而是一种全新的制造理念和模式。它强调以人为本，注重人与机器的协同作业，以及通过智能化设备和系统，实现制造过程的优化和升级。同时，智能制造强调可持续发展，即通过资源的高效利用和环境的友好保护，实现制造业的绿色发展。

（二）智能制造的内涵

1. 数字化制造是智能制造的基础

智能制造利用计算机技术、数字化设备和传感器等，将制造过程中的各种信息转化为数字信号，实现制造过程的数字化表达和可视化监控。数字化制造不仅提高了制造过程的精度和可控性，还为后续的智能化操作提供了数据支持。

2. 网络化协同是智能制造的重要特征

智能制造通过互联网、物联网等技术，将制造过程中的各个环节和设备连接起来，形成一个高度协同、信息共享的制造网络。网络化协同使制造过程更加灵活、高效，能够快速响应市场需求和客户变化。

3. 智能化决策是智能制造的核心

智能制造通过大数据分析、人工智能等技术，对制造过程中的海量数据进行挖掘和分析，从中提取有价值的信息和规律，为企业的决策提供科学依据。智能化决策能够帮助企业优化生产计划、提高生产效率、降低运营成本，实现精细化管理和个性化定制。人机协同作业是智能制造的重要方向。通过智能化设备和系统的应用，机器能够更好地理解人类的意图和需求，与人类实现更加紧密的协作。人机协同作业不仅能够提高生产效率和质量，还能够改善工作环境，降低工人的劳动强度。

4.绿色可持续发展是智能制造的重要目标

智能制造通过使用节能环保的制造技术和设备，可以实现资源的高效利用和废弃物的减量化处理。同时，智能制造注重产品的生命周期管理，通过优化产品设计、提高产品质量、延长产品使用寿命等方式，促进制造业的绿色发展。

二、智能制造的主要特点

智能制造起源于人工智能领域的深入研究，它通常被视为知识与智慧的综合体现，其中前者构成了智能的根基，后者则代表了获取和应用知识解决问题的能力。智能制造作为当前制造业发展的重要趋势，正以其独特的优势和特点引领着制造业的转型升级。相较于传统制造模式，智能制造的主要特点包括以下几个方面：

（一）智能化

第一，生产过程高度智能。智能制造遍布整个生产过程，它的应用大大提高了生产效率。因为在生产过程中，智能制造能够严格监控产品的生产，并实时记录产品信息。此外，在生产产品的过程中，智能制造系统的各个组成部分分工明确，各司其职，互不干扰。智能制造系统还具有自我修理功能，当出现系统故障时，系统会自动检测并进行修理。

第二，资源配置高度智能。智能制造系统能够通过内置传感器等技术进行资源定位，并将信息进行反馈，因此智能制造可以跨地区、跨地域进行资源配置，突破原有的本地化的生产界限。

第三，产品高度个性化、智能化。智能产品可以进行自我监控，在运行中对自身状态和外部环境进行监控，记录数据并对产生的数据进行分析。此外，智能产品可以将运行期间产生的各种问题进行反馈，也可以根据客户的要求进行个性化设计。更为重要的是，制造生产从先生产后销售的模式转为先定制后销售的模式，最大限度地避免了产能过剩。

（二）网络化

智能制造不仅包含制造过程的数字化和信息化，还涉及产品、设备和企业等环节的网络化、互联互通。通过物联网技术和5G的推进，制造业企业可以实现设备之间的数据共享、协同工作，及时了解生产流程和设备状态，提高了生产效率和品质。

（三）灵活性

智能制造具有高度的灵活性和定制化能力。智能制造生产过程可以根据客户需求进行定制化设计和调整，生产线也可以随时更改以满足客户不断变化的需求，让制造业更好地适应市场需求变化。智能制造系统具有强大的智能化特点，可以根据现场的实际情况，对加工任务进行分析、调整和优化。制造业企业可以借助先进的智能制造系统整合各种信息，找到解决问题的最优方案。

（四）真实反馈

智能制造通过各种传感器、摄像头等设备实时监控整个制造过程，获取每个环节的数据和指标，进行分析处理和预测，对制造过程进行调整和优化，实现更高质量和效率的生产。

（五）独立性

智能制造融合了当今最新的信息技术、自动化技术、人工智能技术和先进制造技术，经历了数字化以及网络化的发展，正在向着智能化快速发展。智能制造已经远远超越了传统的人工制造，它能够解决各种复杂工艺所带来的困难问题，并且可以克服复杂环境的影响，独立完成各种复杂的加工任务。智能制造在完成工作任务方面还具有高效性，它可以高效解决传统人工制造的缺陷，大幅度提高生产效率和产品质量，为制造业企业创造高效益。

（六）开放性

智能制造系统的开放性可以帮助制造业企业轻松应对产品特殊性和多样性的需求。面对各种各样的产品，智能制造系统只需要根据产品对系统参数进行修改，对软件进行优化，就可以完成加工任务，满足柔性加工的要求，从而为制造业企业创造高效益。

三、智能制造的发展趋势

随着科技的不断进步、人工智能与实体经济的深度融合，智能制造作为制造业转型升级的关键引擎，正展现出越来越广阔的发展前景。未来，智能制造将在多个方面持续深化和创新，引领制造业迈向更高效、更智能、更可持续的未来。

（一）高度智能化与自主化

随着人工智能、机器学习等技术的快速发展，智能制造系统将实现更高程度的智能化和自主化。未来的智能制造系统将能够自主学习和优化生产流程，通过大数据分析和模式识别技术，实现对生产过程的精准控制和优化。同时，智能制造设备将具备更强的自主决策能力，能够根据实际生产情况自主调整生产参数和工艺路线，提高生产效率和产品质量。

（二）柔性化与定制化生产

在消费者需求日益多样化的背景下，柔性化和定制化生产将成为智能制造的重要发展趋势。未来的智能制造系统将能够实现对不同产品、不同批量的快速切换和定制化生产，满足市场的多样化需求。同时，通过模块化设计和可重构生产线，智能制造系统将能够降低生产成本，提高生产灵活性，为企业赢得更多的市场机会。

（三）网络化与协同化制造

随着互联网的普及和物联网技术的发展，网络化与协同化制造将成为智能制造的必然趋势。未来的智能制造系统将能够实现人员、物料、设备等资源的全面连接和协同作业，形成一个高度协同的制造网络。在这个网络中，各个环节能够实时共享信息、协调作业，实现生产过程的透明化和可视化。同时，通过云计算、大数据等技术，智能制造系统还将实现跨企业、跨地域的协同制造，推动制造业的全球化发展。

（四）绿色化与可持续制造

面对日益严峻的环境问题和资源约束，绿色化和可持续制造将成为智能制造的重要发展方向。未来的智能制造系统将更加注重节能、减排和环保，通过采用先进的节能技术和环保材料，降低生产过程中的能耗和环境污染。同时，智能制造将推动循环经济的发展，实现资源的循环利用和废弃物的减量化处理。这将有助于推动制造业的绿色发展，实现经济、社会和环境的协调发展。

（五）数字化与虚拟化制造

数字化和虚拟化技术将为智能制造带来革命性变革。通过数字化技术，制造过程将被全面量化和建模，使生产过程中的每一个环节都可以被精准控制和优化；虚拟化技术则能够在计算机上模拟制造过程，实现产品的虚拟设计和虚拟制造。这将极大地提高制造效率和质量，降低生产成本和风险。未来，数字化和虚拟化制造将成为智能制造的重要特征，推动制造业向更高效、更精准的方向发展。

（六）服务化与平台化转型

随着制造业与服务业的深度融合，智能制造将向服务化和平台化方向转型。未来的智能制造系统不仅将关注产品的制造过程，还将延伸到产品的全生命周期，包括产品的售后服务、维修保养等。同时，智能制造平台将为企业提供一站式的解决方案，包括设备租赁、数据分析、人才培养等服务，从而提升制造业的附加值和竞争力。

（七）人才与技术深度融合

智能制造的发展离不开人才与技术的深度融合。未来，制造业企业需要培养更多具备跨学科知识和创新能力的高素质人才，以适应智能制造的发展需求。同时，制造业企业需要不断引进和应用新的技术、新的工艺和新的管理方法，推动智能制造技术的创新和发展。这种人才与技术的深度融合将为智能制造提供强大的动力和支持。

（八）国际合作与竞争并存

在全球化的背景下，智能制造的国际合作与竞争将日益激烈。一方面，各国将加强在智能制造领域的合作与交流，共同推动智能制造技术的发展和应用。另一方面，各国将在智能制造领域展开激烈的竞争，争夺技术制高点和市场份额。因此，制造业企业需要不断增强自身的技术研发和创新能力，积极参与国际合作与竞争，提升其在全球智能制造领域的影响力和竞争力。

　　智能制造的发展趋势呈现出高度智能化与自主化、柔性化与定制化生产、网络化与协同化制造、绿色化与可持续制造、数字化与虚拟化制造、服务化与平台化转型，以及人才与技术深度融合等特点。这些趋势将共同推动智能制造技术的不断创新和发展，引领制造业迈向更加美好的未来。在未来的发展中，河南省制造业需要密切关注这些趋势的变化和发展，努力抓住机遇，积极应对挑战，推动智能制造技术的广泛应用和普及，为我国制造业的转型升级和可持续发展贡献更多的力量。

第二节　智能制造的人才需求与培养途径

一、智能制造对人才的需求

智能制造涉及的技术领域广泛，包括工业物联网、云计算、大数据、人工智能等。这些技术的应用使制造过程更加智能化、自动化和精细化。因此，制造业企业不仅需要掌握机械、电子、自动化等传统工科知识的技术人员，更需要具备数据分析、算法设计、系统集成、智能制造系统运维等交叉学科能力的复合型人才。同时，良好的创新意识、团队协作能力、持续学习能力也成为新时代智能制造人才不可或缺的品质。

随着信息技术的飞速发展，智能制造已经成为制造业转型升级的关键驱动力。然而，智能制造的快速发展也对人才提出了新的需求。本节将深入探讨智能制造对人才的需求，以期为河南省制造业的人才培养提供有益的参考。

（一）智能制造需要知识储备丰富的人才

这些人才需要具备深厚的计算机、电子、机械等专业知识，能够从事智能制造技术的研发和创新。例如，掌握必要的英语、高等数学等基础学科知识，能将其用于解决智能制造单元集成应用、数控机床操作与维护、工艺技术及质量检验、智能制造装备故障诊断与维修、智能制造装备生产管理、咨询与服务等实践中遇到的综合性问题。他们需要掌握智能制造装备类相关工作所必需的电气、机械及计算机专业知识（液压与气动、电机与拖动、PLC 控制、工业机器人、增材制造、数控装调、虚拟仿真与调试及工业控制网络等），掌握普通机床操作和数控机床操作编程的基本知识；掌握典型零件的加工工艺编制，机床、刀具、量具、工装夹具的选择和设计的基本知识；掌握智能装备安装调试、维护维修相关国家标准与安全规范，生产现场管理、质量管理、职业健康及安全管理相关知识。

（二）智能制造需要高素质的应用型人才

这些人才不仅需要掌握最新的技术动态，熟悉智能制造系统的操作和维护方法，还需要具备将技术应用于实际生产中的能力，能够熟练地使用各种智能制造设备和软件。同时，他们需要具备解决实际问题的能力，能够在生产过程中应对各种突发情况。例如，能够进行机械零部件的常用和自动化工装夹具设计；能够选择和使用适当的现代技术工具和信息工具，解决生产制造、精密加工、设备管理等智能制造装备问题，提出优化方案，解决生产、制造一线出现的综合性问题。此外，他们需要具备总结分析、自主学习、终身学习的意识和能力，能够有效应对工作岗位的变化和发展。

（三）智能制造需要具备良好道德文化修养的人才

一方面，这些人才需要具备一定的科学文化基础知识和中华优秀传统文化知识，崇尚科学、恪守法纪、学习专注、工作严谨，积极履行社会道德准则和职业行为规范，同时具备高度的社会责任感和社会参与意识，做到日常反思和总结纠偏，最终形成精益求精的工作状态。另一方面，这些人才需要理解并遵守智能制造与应用实践中的相关职业道德和规范，履行岗位职责，崇尚工匠精神。同时，这些人才应当能够在工作团队中承担成员或负责人的角色，在装备制造生产一线能够运用团队成员或负责人必备的项目管理知识和方法，与同事、业内同行及社会公众进行有效沟通和交流，尊重多元文化并吸纳不同观点。

此外，智能制造需要具备管理、市场、营销等多方面知识的人才。这些人才需要了解市场需求，制定合适的营销策略，推动智能制造技术的推广和应用。

由此可见，智能制造对人才的需求呈现出多元化、复合型的特点。

二、智能制造人才的培养途径

随着新一轮科技革命和产业变革的加速推进，智能制造正成为推动制造业高质量发展的重要引擎。而智能制造的快速发展，离不开高素质、专业化人才的支撑。因此，构建科学、合理的智能制造人才培养模式，对于推动制造业转型升级、提升国家竞争力具有重要意义。学校是培养人才的摇篮，企业是人才施展才华的舞台，因此本部分将主要从学校教育和企业培训的视角出发，探讨科学、合理的智能制造人才培养途径。

（一）明确培养目标与定位

明确人才培养目标与定位是前提。高校和制造业企业应围绕智能制造领域的技术研发、应用推广、管理创新等方面，培养具备扎实专业知识、创新精神和实践能力的高素质人才。同时，要根据不同层次、不同类型的人才需求，制定具体化的培养方案，确保人才培养的针对性和实效性。

（二）优化课程设置与教学内容

课程设置是人才培养的基础。高校和制造业企业应加强合作，针对智能制造领域的专业特点，构建以工程实践和创新思维为核心的课程体系，注重理论与实践的有机结合。在教学内容上，高校要加强基础理论与前沿技术的融合，引入最新研究成果和行业动态，使学生能够及时掌握智能制造领域的最新技术和应用方法。

（三）强化实践教学与实习实训

实践教学是智能制造人才培养的关键环节。制造业企业应助力高校建设实验室、实训中心等实践教学平台，为学生提供丰富的实践机会和条件。同时，开展校企合作育人项目，使学生在企业实践中深入了解智能制造技术的应用和发展趋势。此外，组织学生参加各类技能竞赛、创新项目等活动，也能够激发学生的创新精神，同时提高学生的实践能力。

（四）推动产学研用深度融合

产学研用深度融合是智能制造人才培养的重要途径。河南省应通过建立产学研用合作机制，推动高校、科研机构、制造业企业之间的深度合作，实现资源共享、优势互补。高校、科研机构、制造业企业可以通过联合开展科研项目、共同培养人才等方式，促进科研成果的转化和应用，提升智能制造人才培养的质量和效益。

（五）加强师资队伍建设

优秀的师资队伍是智能制造人才培养的重要保障。高校应通过引进和培养高水平教师等方式，打造一支具有丰富实践经验、深厚学术造诣和创新精神的师资队伍。同时，加强教师的培训和校企交流，将有助于提高教师的教学水平和科研能力，为智能制造人才培养提供有力支撑。

（六）构建多元化评价体系

构建多元化评价体系是智能制造人才培养的重要手段。高校应建立以能力为核心的评价体系，注重对学生创新能力、实践能力、团队协作能力等方面的综合评价。同时，引入企业评价、社会评价等多元化评价方式，使评价结果更加客观、公正。通过评价结果的反馈和指导，可以帮助学生不断提升自身素质和能力水平。

（七）注重国际视野与跨文化交流

随着全球化和国际化的深入推进，智能制造人才的培养也需要考虑国际视野和跨文化交流能力等因素。高校和制造业企业应为学生提供进行国际交流的机会和平台，鼓励学生参加国际学术会议、交流项目等活动，拓宽学生的国际视野，提高学生的跨文化交流能力。

（八）建立持续跟踪与反馈机制

人才培养是一个长期且持续的过程，校企双方需要建立持续跟踪与反馈机制。例如，通过定期收集和分析学生的就业情况、职业发展等信息，了解人才培养的实际效果和市场需求的变化情况。同时，根据反馈结果及时调整和优化人才培养方案，确保人才培养与市场需求相一致。

智能制造人才的培养模式需要围绕培养目标与定位、课程设置与教学内容、实践教学与实习实训、产学研用深度融合、师资队伍建设、多元化评价体系、国际视野与跨文化交流，以及持续跟踪与反馈机制等方面进行全面构建。通过不断优化和完善这些方面，高校可以培养出更多符合智能制造发展需求的高素质人才，为制造业的转型升级和高质量发展提供有力支撑。同时，高校需要加强与制造业企业之间的合作，通过市场调查和企业提供的信息，了解行业发展趋势和市场需求变化，不断调整和优化人才培养模式，使其培养的人才能够更好地适应现在及未来的智能制造领域的发展需求。

三、智能制造人才的引进与留用

在科技不断进步、产业转型升级，智能制造逐渐成为推动制造业高质量发展重要引擎的过程中，人才的作用日益凸显。智能制造人才的引进与留用，不仅关系到制造业企业的核心竞争力，而且影响着整个制造业的可持续发展。因此，如何有效引进和留用智能制造人才，成为当前制造业面临的一个重要课题。

（一）智能制造人才引进的策略

制造业企业应建立完善的人才引进机制，包括明确人才引进的目标和定位、制订具体的人才引进计划、建立人才信息库等。同时，制造业企业应加强与高校、科研机构等单位的合作，通过产学研用合作、校企合作等方式，吸引更多的优秀人才加入。

薪酬和福利是吸引人才的重要因素。制造业企业应提供具有竞争力的薪酬和福利，包括基本工资、绩效奖金、股权激励等，以及完善的福利待遇，确保人才的生活和工作得到保障。

良好的工作环境和氛围是留住人才的关键。制造业企业应提供舒适的工作场所、先进的设备设施，以及灵活的工作时间，并营造良好的工作氛围。同时，注重员工的职业发展和个人成长，为员工提供培训和学习机会，为员工搭建实现自我价值的平台。

（二）智能制造人才的留用策略

制造业企业应建立完善的激励机制，包括晋升机制、奖励机制等，激发员工的工作积极性和创造力。例如，通过设置明确的晋升通道和晋升标准，为员工提供广阔的职业发展空间；通过制定各种奖励方案，鼓励员工在工作中取得优异成绩。

企业文化是企业的灵魂，也是留住人才的重要因素。制造业企业应加强企业文化建设，塑造积极向上的企业精神和价值观；通过举办各种文化活动等方式，宣传企业文化，增强员工的归属感和认同感。

随着技术的不断发展和市场的不断变化，智能制造人才需要不断更新知识和技能。企业应提供持续的职业发展机会，包括内部培训、外部学习、参与行业交流等，帮助员工提升专业素养和综合能力。同时，企业应鼓励员工参与创新项目和实践活动，增强员工创新意识、激发员工创新活力。

（三）智能制造人才引进与留用并重

在智能制造人才的引进与留用过程中，制造业企业应注重平衡二者的关系。一方面，要积极引进外部优秀人才，为企业注入新的活力和创新力；另一方面，要重视内部人才的培养和留用，避免人才流失和浪费。同时，制造业企业应建立人才梯队和积蓄人才力量，确保人才的连续性和稳定性。

智能制造人才的引进与留用是推动制造业转型升级和高质量发展的关键举措。制造业企业应通过建立和完善人才引进机制、提供具有竞争力的薪酬和福利待遇、营造良好的工作环境和氛围等措施吸引优秀人才；同时，通过建立完善的激励机制、加强企业文化建设、提供充足的职业发展机会等方式留住人才。未来，随着智能制造技术的不断发展和智能制造技术应用领域的不断拓展，制造业企业对人才的需求也将更加多元化和专业化。因此，制造业企业需要不断调整和优化人才引进和留用策略，以适应行业发展的需求和变化。

总之，智能制造人才的引进与留用是一项系统工程，需要制造业企业从多个方面入手，制定科学合理的策略，并不断地加以完善和优化。只有这样，才能确保制造业企业拥有足够数量和质量良好的智能制造人才，为制造业企业的转型升级、高质量发展提供有力支撑。

第三节　河南省智能制造现状与改进措施

一、河南省智能制造发展状况与存在的不足

随着全球制造业的转型升级和智能化浪潮的推进，河南省作为中国的重要工业基地，其智能制造的发展取得了长足的进步。然而，在快速发展的同时，河南省智能制造也面临着一些问题和挑战。

（一）河南省智能制造现阶段发展状况

1. 政策支持方面

2016年2月，河南省人民政府印发了《中国制造2025河南行动纲要》，提出了适应和引领新常态，加快制造业创新转型、提质增效、建设制造强省的目标。2017年和2018年，河南省人民政府先后印发了《河南省装备制造业转型升级行动计划（2017—2020年）》《河南省智能制造和工业互联网发展三年行动计划（2018—2020）》《河南省支持智能制造和工业互联网发展若干政策》。2017年6月，河南省人民政府与工业和信息化部共同实行创立"郑洛新中国制造2025"试点示范城市群，将郑州市、洛阳市、新乡市作为省先进制造业的中心增长区和制造业重要载体。近年来，在河南省人民政府的持续引领和推动下，河南省智能制造领域初见成效。

2. 项目引领方面

围绕智能型转化需求，河南省陆续引进了沈阳新松、格力智能装备等项目，培育了中机六院、郑大智能等一批专业性强、行业特色明显的系统解决方案供应商，助推友嘉（河南）精密机械、格力机器人（洛阳）公司等一批智能制造服务商转型。在智能装备发展上，河南省重点发展大型、精密、高速数控加工设备和数控系统，现已拥有一批在全国同行业中具有明显区域优势的产业和产

品。河南机器人产业规模达到一百多家，实现了中小批量生产和应用，个别处于国内领先地位。近年来河南还陆续建立了省制造业与互联网融合发展联盟、省高院互联网产业联盟、省智能制造推进联盟、省首席信息官联盟等一批智能制造服务平台。

3.省级智能化项目开展方面

2017年，河南省实施智能化改造项目478个，总投资539亿元，评定了郑州宇通客车股份有限公司的新能源客车工厂、河南济源钢铁（集团）有限公司50个省级智能工厂和73个智能车间、104家省级智能车间试点示范，36个服务型制造示范企业、12个工业云示范平台、9个制造业"双创"平台，实施机器人"双十百千"示范应用工程，推广应用2 820台机器人和2 744台数控机床。2018年5月，河南省工业和信息化厅发布了第一批智能制造系统解决方案供应商推荐目录和企业上云综合云平台服务商名单。同年7月，包括中信重工机械股份有限公司的全生命管理示范模式、河南省全能科技有限公司的北斗应用服务型制造示范平台在内的49家企业入选了第二批河南省服务型制造示范企业名单。2019年7月，河南省工业和信息化厅公布了20家河南省智能制造标杆企业名单。截至2019年6月底，河南省投资3 000万元以上的智能制造示范项目达到1 037个。

4.国家智能制造示范点立项方面

2017年，宇通客车等4家企业入选我国第二期制造业单项冠军示范企业，许继集团工业设计中心被评为"第三批国家工业设计中心"，森源重工和鹏鑫化工被评为"国家工业品牌示范企业"。2018年，河南省麦斯克电子材料有限公司、豫北转向系统（新乡）有限公司和焦作科瑞森重装股份有限公司的智能制造试点示范入选国家级项目；河南省中铁工程装备集团有限公司先进轨道交通盾构机智能工厂等11个项目入选国家智能制造综合标准化与新模式应用项目。

（二）河南省智能制造存在的不足

尽管自 2016 年以来，河南省在智能制造领域取得了可喜的成绩，但与国内外智能制造发展水平相比，其仍存在起步晚、基础薄弱、资金和人才配套支撑体系不够完善等问题。一方面，河南省的智能制造技术创新体系尚不完善，缺乏高水平的研发机构和创新能力强的企业；另一方面，部分企业在技术创新方面的投入不足，缺乏自主创新的意识和动力。这导致河南省在智能制造核心技术和关键设备上依赖进口，制约了其智能制造的发展速度和水平。具体而言，河南省智能制造存在以下不足：

1. 缺少具有引领作用的重点项目

其一，河南省缺少一些高端的、能够带动全省制造业产业链发展的重点项目。

其二，河南省内能够作为发展引擎的国家级园区。郑州高新区、经开区作为国家级园区与全省经济转型升级和自主创新的引领区，虽然集中了各类发展要素与政策优惠，但是竞争力仍有待提高。

其三，产业链协同不够紧密。智能制造的发展需要产业链上下游企业的紧密协同与合作。然而，河南省在智能制造产业链协同方面还存在一些问题。一方面，产业链上下游企业之间的信息共享和资源整合不够充分，导致生产效率低下和资源浪费；另一方面，部分企业在供应链管理和物流配送等方面存在短板，影响了整个产业链的运作效率。

2. 人才短缺与人才结构不合理

智能制造的发展需要大量的高素质人才支持，但河南省在智能制造领域的人才储备和结构上存在明显不足。一方面，河南省缺乏具备跨学科知识和创新能力的智能制造专业人才，尤其缺少高端技术研发、系统集成和项目管理等人才；另一方面，现有的人才结构也不尽合理，中低端人才相对过剩，而高端人才供不应求。这种人才短缺和结构不合理的问题，严重制约了河南省智能制造的发展。

3.企业转型升级困难

传统制造业企业向智能制造转型升级是河南省智能制造发展的重要任务之一。然而，由于技术、资金、人才等多方面的限制，部分企业在转型升级过程中面临着较大的困难。一方面，一些企业缺乏足够的资金投入，难以承担智能制造设备和技术的引进成本；另一方面，部分企业在管理和运营模式上尚未适应智能制造的要求，难以实现从传统制造向智能制造的平稳过渡。

4.政策支持与引导不足

虽然河南省人民政府出台了一系列支持智能制造发展的政策措施，但在实际操作中仍存在一些问题。一方面，政策支持的针对性和实效性有待加强，一些政策过于笼统，缺乏具体的实施细则和操作指南；另一方面，政策引导的力度不够，尚未形成有效的激励机制和推动力量，导致一些企业对智能制造的投入和热情不高。

5.标准体系与监管机制不完善

智能制造的发展需要完善的标准体系和监管机制作为保障。然而，河南省在智能制造标准体系和监管机制方面还存在一些不足。一方面，智能制造相关的标准和规范尚未完善，缺乏统一的技术标准和评价体系；另一方面，监管机制也需进一步加强，以确保智能制造的安全、可靠和高效运行。

二、河南省智能制造的改进措施

上述不足不仅制约了河南省智能制造的发展速度和水平，也影响了其在全国，乃至全球智能制造领域的竞争力和影响力。为了推动河南省智能制造的健康发展，政府、企业和社会各方需要共同努力，立足实际，积极采取改进措施，为河南省智能制造的发展创造更加有利的环境和条件。总体来说，河南省可以采取以下措施：

（一）强化重点项目引领，提升园区竞争力

一方面，河南省应聚焦高端制造业，引进和培育一批具有引领作用的重点项目。这些项目需具备技术先进、市场潜力大、带动效应强的特点，能够显著推动全省制造业产业链的升级和发展。另一方面，河南省应加大对郑州市高新区、经开区等国家级园区的支持力度，优化园区资源配置，提升园区竞争力，使其成为全省经济转型升级和自主创新的强大引擎。

（二）优化人才结构，加大人才培养和引进力度

针对智能制造领域人才短缺和结构不合理问题，河南省应加大人才培养和引进力度。一方面，加强与高校、科研机构的合作，共同培养具备跨学科知识和创新能力的智能制造专业人才；另一方面，通过制定优惠政策、搭建人才交流平台等方式，吸引国内外高端人才来豫发展。同时，优化现有人才结构，鼓励中低端人才通过培训和学习提升技能水平，以适应智能制造的发展需求。

（三）助力企业转型升级，提供全方位支持

为帮助传统制造业企业顺利向智能制造转型升级，河南省应提供全方位的支持。首先，设立专项基金，为企业提供转型升级所需的资金支持；其次，加强技术指导和咨询服务，帮助企业解决在转型升级过程中遇到的技术难题；最后，推动企业与高校、科研机构等合作，共同开展技术研发和成果转化，提升企业的核心竞争力。

（四）完善政策支持体系，提高政策针对性和实效性

河南省应进一步完善智能制造发展的政策支持体系，提高政策的针对性和实效性。一方面，细化政策内容，制定具体的实施细则和操作指南，确保政策

能够落地生根；另一方面，加大政策宣传和推广力度，提高企业对政策的认知度和利用率。同时，建立政策评估机制，定期对政策执行效果进行评估和调整，确保政策能够持续发挥作用。

（五）健全标准体系与监管机制，确保智能制造健康有序发展

为保障智能制造的健康发展，河南省应健全标准体系和监管机制。一方面，加快制定和完善智能制造相关标准和规范，建立统一的技术标准和评价体系；另一方面，加大监管力度，建立健全的监管机制，确保智能制造的安全、可靠和高效运行。同时，鼓励企业参与标准制定和监管工作，共同推动智能制造行业的规范化和标准化发展。

第八章　绿色制造

第一节　绿色制造概述

一、绿色制造的概念与内涵

（一）绿色制造的概念

绿色制造，又称环境意识制造、面向环境的制造等，是一个综合考虑环境影响和资源效益的现代制造模式。绿色制造涉及产品生命周期全过程，其目标是使产品从设计、制造、包装、运输、使用到报废处理的整个产品生命周期，对环境的影响（负作用）最小，资源利用率最高，并使企业经济效益和社会效益协调优化。简而言之，绿色制造是追求经济效益与环境效益双赢的制造模式。

具体来说，绿色制造包括以下几个方面：

一是节约资源。通过优化产品设计、改进生产工艺等方式，降低原材料和能源的消耗，提高资源利用效率。

二是减少污染。在生产过程中，采用环保材料、低污染工艺和技术，减少废水、废气、废渣等污染物的排放。

三是循环利用。加强废弃物的回收和处理，实现资源的循环利用，降低生产对环境的影响。

四是可持续发展。注重经济效益与环境效益的协调发展，推动制造业向绿色、低碳、循环的方向发展。

（二）绿色制造的内涵

绿色制造的内涵十分丰富，它涵盖了产品设计、原材料选择、生产工艺、包装运输、使用维护以及报废处理等多个环节。我们可以从以下几方面来理解绿色制造的内涵。

绿色设计是绿色制造的前提和基础。它要求企业在产品设计阶段就充分考虑产品的环境友好性和资源利用效率。设计师需要运用生态学原理，将环境因素纳入设计范畴，从源头上降低产品对环境的影响。绿色设计包括模块化设计、循环设计、可拆卸设计等多种方法，旨在实现产品的功能性与环境友好性的完美结合。绿色制造强调使用环保材料和低污染工艺，其中环保材料是指那些在生产、使用和废弃过程中对环境影响较小的材料；低污染工艺则是指那些能够减少废水、废气、废渣等污染物排放的工艺。通过采用绿色材料和工艺，可以降低产品制造过程中的环境污染和资源消耗。

绿色生产是指在生产过程中充分考虑环境影响和资源利用效率的生产方式。它要求企业优化生产流程，采用节能、减排、循环利用等技术，降低生产过程中的能耗，减少生产过程中的污染排放。同时，绿色管理也是绿色制造的重要组成部分。它要求企业建立完善的环境管理体系，加强环境监测和评估，确保生产活动符合环保法规和标准。绿色包装和运输是绿色制造的重要环节，其中绿色包装要求企业使用环保材料、减少包装废弃物、提高包装回收利用率等；绿色运输则要求企业优化运输路线、采用清洁能源车辆、减少运输过程中的能耗。通过这些措施，可以降低产品整个生命周期对环境的影响。

绿色消费和回收是绿色制造的最终环节。绿色消费要求消费者在购买和使用产品时充分考虑环境因素，选择环保、节能、可循环利用的产品；回收则是指对废弃物进行回收和处理，实现资源的循环利用和减少环境污染。绿色消费和回收，可以推动整个社会对绿色制造的认同和支持。

二、绿色制造的理论基础

（一）循环经济理论

该理论由美国经济学家波尔丁于 1960 年提出。最初该理论被人们当作书面上的概念，在实际中只关心企业对污染物的无害化处理。直至 20 世纪 80 年代人们才意识到资源再利用对环境带来的好处。到 21 世纪，随着可持续发展理念成为世界发展潮流，环境意识、绿色消费和废弃材料再生才整合成为一套相对完整的资源循环利用系统。

循环经济主要强调的是循环经济管理思想，这一思想基于将人、自然资源和科学技术应用等因素看作一个系统，要求人类在生产和消费时不能将自身置身于系统外，而是把自身作为系统中的一个活动因素来研究符合客观规律行为的经济原则。这要求人类活动具备新的"三观"。

1. 新的经济观

运用生态学规律来指导生产活动，使经济活动在生态环境的可承受范围之内进行。换言之，只有以替代技术、减量技术、绿色化生产或者零排放技术等为支撑，在资源承载范围之内进行良性循环的生产活动，才可以使整个大系统平衡发展。

2. 新的价值观

在使用自然资源时，需要秉承着建立良性循环生态系统的理念；在应用科学技术时，不仅要考虑它的使用效率，还要考虑它对生态系统的修复和重建能力；在考虑人类自身发展问题时，需要更加重视人与自然的和谐共处，而不是单一地考虑人对自然的改造能力。

3. 新的生产观

要从循环意义上考虑经济发展，充分考虑自然生态系统的承载力，从生产源头到产品回收的全过程充分利用资源，如上游企业的废物料可被下游企业用作原料，实现区域资源的最有效利用。

（二）和谐生态环境论

1990 年，联合国环境规划署提出了"清洁生产"概念，这为后续提出的绿色制造理论奠定了基础：实施清洁生产是在生产过程中使用绿色技术以降低工业生产对人类社会和生态环境的影响。随着中国工业的发展，我国出台了《中共中央关于构建社会主义和谐社会若干重大问题的决定》，将工业发展与生态建设的目标界定为人与自然和谐共处。建立生态友好型工业体系是未来中国工业发展的核心思维，这就要求中国企业在生产中降低资源损耗，提高资源利用率；把工业生产控制在自然环境的承受范围之内，不能使其高于生态再生能力。这些特性是对和谐生态环境论的基本阐释，也是未来中国工业发展的指南针。

友好型工业的应用并不意味着能够马上带来大幅度的经济效益提高，相反，可能在原有的生产环节中增加诸多烦琐的工序以降低工业污染而导致成本上升。这种状况是当下诸多中小型企业无法完全实现绿色生产的原因。完整的友好型工业必然意味着花费了高昂的科学技术投入，大型企业聚集研发先进的生产技术，形成核心群和技术壁垒，从而在市场中具有更强的竞争力。因此，这对中部六省制造业绿色制造的未来发展有着指导性作用——加强对中小型制造企业的技术扶持，加强相关补贴政策以强化区域整体的绿色制造驱动力。

三、绿色制造的基本原则

绿色制造作为新时代制造业转型的重要方向，其核心理念在于实现经济效益与环境效益的和谐统一。这一转型不仅关乎制造业企业的可持续发展，更关系到整个社会的生态环境保护和未来福祉。在推行绿色制造的过程中，制造业企业需要遵循一系列基本原则，以确保其生产活动科学、有序、高效进行。

（一）环境优先原则

环境优先原则是绿色制造的首要原则。它要求企业在生产过程中始终把环境保护放在首要位置，确保生产活动对环境的影响最小化。这意味着企业需要充分考虑产品设计、材料选择、生产工艺、废弃物处理等环节对环境的影响，并采取相应的措施来降低或消除这种影响。同时，企业应积极采用环保技术和设备，提高资源利用效率，减少污染物的排放。

（二）资源节约原则

资源节约原则是绿色制造的重要原则。它强调企业在生产过程中要高效利用资源，降低资源的消耗，减少浪费。这包括采用先进的生产工艺和设备，提高原材料的利用率；优化产品设计，减少不必要的材料使用；加强废弃物的回收和处理，实现资源的循环利用等。通过资源节约原则的实施，不仅可以降低生产成本，提高企业的经济效益，还有助于缓解企业的资源短缺问题，促进企业的可持续发展。

（三）预防为主原则

预防为主原则是绿色制造的基本原则之一。它要求企业在生产过程中采取预防措施，来避免或减少环境污染和资源浪费。这包括在产品设计阶段就充分考虑其对环境的影响，避免使用有毒有害材料；在生产过程中加强环境监测和管理，及时发现和处理环境问题；在废弃物处理阶段采用无害化处理技术，防止污染物扩散等。通过实施预防为主原则，可以有效降低环境污染风险，维护生态环境安全。

（四）技术创新原则

技术创新原则是绿色制造的重要支撑。它强调企业在绿色制造过程中要不断推进技术创新，提高生产活动的环保性能和经济效益。这包括研发新的环保材料和技术，以替代传统的污染性材料和工艺；应用先进的生产设备和自动化技术，提高生产效率和资源利用率；利用信息技术和大数据等手段，优化生产管理和决策过程等。通过技术创新原则的实施，企业可以推动绿色制造向更高水平发展，实现经济效益与环境效益的双赢。

（五）社会责任原则

社会责任原则是绿色制造不可忽视的一个原则。它要求企业在制造过程中积极履行社会责任，关注社会福祉和公共利益。这包括遵守环保法规和标准，确保生产活动的合法性和合规性；加强与社区、公众的沟通与合作，共同推动绿色制造的发展；参与环保公益活动，积极回报社会等。通过履行社会责任原则，企业可以树立良好的社会形象，获取公众的信任和支持，为企业的可持续发展奠定坚实基础。

（六）持续改进原则

持续改进原则是绿色制造持续发展的重要保障。它要求企业在绿色制造过程中，不断总结经验教训，寻找改进的空间和机会。这包括定期评估绿色制造的效果和影响，发现问题并及时解决；加强内部管理和培训，增强员工的环保意识，提高员工的技能水平；借鉴和学习国内外先进的绿色制造经验和技术，推动企业的不断进步等。通过持续改进原则的实施，可以确保企业的绿色制造活动始终保持在正确的轨道上，使企业不断取得新的成果和突破。

绿色制造的基本原则涵盖了环境优先、资源节约、预防为主、技术创新、社会责任和持续改进等多个方面。这些原则相互联系、相互支撑，是企业进行绿色制造的实践指南。在推行绿色制造的过程中，企业需要全面理解和遵循这些原则，确保绿色制造活动的科学性和有效性。同时，企业应根据制造业的特点和自身实际情况，积极探索和灵活应用这些原则，找出符合自身特点、适应自身发展需求的绿色制造策略和措施。只有这样，企业才能真正实现绿色制造的目标，推动制造业向更加环保、高效、可持续的方向发展。

四、绿色制造的意义与价值

绿色制造作为制造业可持续发展的重要组成部分，已经越来越受全球范围内企业的关注。本部分将从多个角度探讨绿色制造的意义与价值。

（一）促进资源节约与循环利用

绿色制造的核心在于资源的高效利用和循环利用。通过优化生产工艺、采用先进的制造技术和设备，绿色制造能够显著降低原材料和能源的消耗，以及企业的生产成本。绿色制造还注重废弃物的减量化、资源化和无害化处理，通过回收、再利用等方式，实现资源的循环利用，减少环境污染。

（二）推动产业转型升级

绿色制造是制造业转型升级的重要方向。随着全球环保意识的不断增强，消费者对绿色产品的需求也日益增长。绿色制造能够满足市场对环保、低碳、节能产品的需求，提升企业的市场竞争力，还能够带动相关产业链的发展，形成绿色产业集群，推动整个产业的转型升级。

（三）保护生态环境与实现可持续发展

绿色制造致力于减少生产过程中的环境污染和生态破坏，保护生态环境。通过采用清洁能源、减少废弃物排放、提高能源利用效率等措施，绿色制造能够有效降低企业生产活动对环境的负面影响，从而有助于维护生态平衡和实现可持续发展。

（四）提升企业社会形象与品牌价值

绿色制造有助于提升企业的社会形象和品牌价值。随着消费者对环保问题的关注度的不断提高，企业的环保表现已经成为影响消费者购买决策的重要因素之一。通过积极推行绿色制造的企业，能够在消费者心中树立起良好的环保形象，提升品牌知名度和美誉度。同时，绿色制造能够增强企业的社会责任感，帮助企业赢得社会各界的认可和支持。

（五）促进国际合作与交流

绿色制造是全球性的议题，各国都在积极探索和实践绿色制造的理念和技术。通过加强国际合作与交流，企业可以引进先进的绿色制造技术和设备，学习和借鉴国外的成功经验，推动本国绿色制造水平的提高。同时，绿色制造为企业提供了参与全球竞争的新机遇，有助于企业拓展国际市场，提升国际竞争力。

（六）创造绿色就业岗位与促进经济社会发展

绿色制造的发展不仅有助于提升企业的经济效益，还能够创造更多的就业岗位。随着绿色制造技术的不断推广和应用，企业对具备相关知识和技能的人才的需求将大幅增长。这将为社会提供更多的就业机会，缓解就业压力，促进经济社会的发展。

（七）提升消费者生活质量与健康水平

绿色产品通常具有更好的环保性能和健康性能。这些产品在使用过程中能够降低对人体健康的潜在威胁，提高消费者的生活质量。例如，绿色家居产品可以减少室内空气污染；绿色食品可以减少农药残留等有害物质对人体的危害等。因此，绿色制造有助于提升消费者的生活质量和健康水平。

（八）引领社会绿色风尚与增强全民环保意识

绿色制造作为一种先进的生产理念和实践，能够引领社会的绿色风尚。通过广泛宣传、推广绿色制造的理念和实践成果，可以提高全社会对环保问题的关注度并激发全社会参与环境保护的热情，增强全民环保意识，从而形成人人关心环境、人人参与环保行动的良好氛围。

绿色制造的意义与价值体现在多个方面。它不仅有助于促进资源节约与循环利用、推动产业转型升级、保护生态环境实现与可持续发展，还能够提升企业的社会形象与品牌价值、促进国际合作与交流、创造就业岗位与促进经济社会发展，以及提升消费者生活质量与健康水平、引领社会绿色风尚与增强全民环保意识。因此，制造业企业应该积极推广和实践绿色制造的理念和技术，为构建绿色、低碳、循环的经济发展模式积极贡献力量。

第二节　绿色设计与绿色材料

绿色制造技术从内容上应包括"五绿"，即绿色设计、绿色材料、绿色工艺、绿色包装和绿色处理五个方面。本节重点探讨绿色设计与绿色材料两个方面。

一、绿色设计的理念、特点与方法

（一）绿色设计的理念

绿色设计，也称生态设计或环境设计，其核心理念在于将环境保护和可持续发展的思想贯穿产品的整个生命周期，从设计、制造、使用到废弃处理，都力求减少对环境的负面影响。它强调人与自然的和谐共生，追求经济效益、社会效益和环境效益的统一。

绿色设计不仅关注产品的功能和美观，更重视产品的环境友好性。它要求设计师在设计产品的过程中充分考虑资源的有效利用、能源的节约、废弃物的减少以及产品的可回收性等因素。通过绿色设计，企业可以生产出既满足人们需求又符合环境保护要求的产品，推动社会的可持续发展。

绿色设计的原则被公认为"3R"原则，即 Reduce、Reuse、Recycle，减少环境污染、降低能源消耗，以及产品和零部件的回收再生循环或者重新利用。

（二）绿色设计的特点

1. 安全性

设计不能危及使用者的人身安全以及正常的生态秩序，这是"绿色设计"的前提。材料的使用要充分考虑到对人的安全性。

2．节能性

未来的设计应以减少用料或使用可再生的材料为基础，这也是"绿色设计"的一个原则。

3．生态性

"绿色设计"应努力避免因设计不当和选材失误而造成的环境污染。"绿色设计"应提倡使用自然环境下易降解的材料和易于回收的材料。

安全性、节能性和生态性是绿色设计的主要特征，也是时代发展对产品设计提出的必然要求。现代产品设计中，如果仅注重产品的功能性和审美性，而忽视节能与环保，那么它就不能被称为优秀的设计。因此，设计师应当将"绿色意识"融入产品设计。

（三）绿色设计的方法

1.模块化设计

模块化设计是一种将产品划分为若干个独立模块的设计方法。通过模块化设计，可以实现产品的快速更换和维修，延长产品的使用寿命。同时，模块化设计还有利于产品的回收和再利用，减少废弃物的产生。循环设计强调产品的可回收性和再利用性。设计师在设计过程中应充分考虑产品的拆卸和回收问题，使产品在使用后能够方便地进行拆卸和回收。模块化设计既可以很好地解决产品品种规格、产品设计制造周期和生产成本之间的矛盾，又可以为产品的快速更新换代，提高产品的质量，方便维修，有利于产品废弃后的拆卸、回收，增强产品的竞争力提供必要条件。

2.循环设计

循环设计又称回收设计，是一种实现广义回收所采用的手段或方法，即在进行产品设计时，充分考虑产品零部件及材料回收的可能性、回收价值的大小、回收处理方法、回收处理结构工艺性等与回收有关的一系列问题，以达到零部件及材料资源和能源的充分有效利用，环境污染最小的一种设计的思想和方法。

除此之外，还有组合设计、可拆卸设计、绿色包装设计等，其基本内涵大致如上所述。

材料选择是绿色设计的关键环节。设计师应选择那些对环境影响小、可再生或可回收的材料，避免使用有毒有害物质。同时，设计师应考虑材料的生命周期性能，如耐久性、可维护性等，以确保产品在使用过程中能够保持良好的环境性能。节能设计是绿色设计的重要体现，设计师应通过优化产品结构、改进生产工艺等方式，降低产品在制造和使用过程中的能耗。此外，设计师还可以采用先进的节能技术，进一步提高产品的节能性能。

二、绿色材料的定义与选择原则

（一）绿色材料的定义

绿色材料也称生态材料、环境友好材料或环境意识材料，是指在原料采取、产品制造使用和再循环利用，以及废物处理等环节中与生态环境和谐共存，并有利于人类健康的材料，它们要具备净化吸收功能和促进健康的功能。

（二）绿色材料的选择原则

在产品研发阶段的绿色材料选择上，设计师应遵循以下原则：

环保性是绿色材料选择的首要原则。在选择绿色材料时，设计师应优先考虑那些对环境影响小、无污染或低污染的材料。例如，生物可降解材料、可再生材料以及无毒无害的材料等，都是环保性较强的绿色材料。

可循环利用性是选择绿色材料的另一重要原则。设计师在选择绿色材料时，应注重材料的可回收性和再利用性，以便在材料使用完毕后能够方便地进行回收和再利用，减少资源的浪费和对环境的污染。

　　经济性也是绿色材料选择需要考虑的因素之一。虽然选择绿色材料的初始投资可能较高，但从长远来看，选择绿色材料能够节省能源、减少污染以及提高资源的利用效率，这些都将为企业带来可观的经济效益。

第三节　河南省绿色制造存在的问题、发展机遇和路径

近年来，河南省以传统产业绿色化改造为重点，以促进产业链和产品全生命周期绿色发展为目的，构建高效、清洁、低碳、循环的绿色制造体系，全力打造"绿色制造强省"，并取得了一定成效。但就现阶段的发展情况而言，河南省绿色制造业尚存在较多问题，如传统制造业的绿色化转型等。基于此，本节将围绕河南省绿色制造现状与发展机遇两个方面进行深入研究。

一、河南省绿色制造存在的问题

（一）工业制造绿色基底薄弱

1.能源结构亟待优化

当前，河南省的能源结构仍以煤炭为主，短期内难以打破这一格局。2023年，全省规模以上工业原煤产量达到 10 214.76 万吨，同比增长 4.3%，高于全国平均水平 1.4 个百分点。火电装机容量为 7 401.96 万千瓦，增长 1.8%。原煤及主要煤炭制品生产保持稳定增长，洗精煤和焦炭等主要煤制品产量延续 2022 年的增长态势，全年产量分别为 3 011.94 万吨和 2 240.68 万吨，分别同比增长 4.2% 和 11.2%。传统能源路径的依赖和不断推进的城市化工业化趋势，使河南省在生产制造领域实现"双碳"目标面临艰巨任务。

2.产业结构亟待调整

河南省的产业结构存在"大而不强、大而不优、大而不新"的问题，结构调整任务繁重。尽管河南省拥有 40 个工业行业大类、197 个中类以及 583 个行业小类，但发展不平衡不充分、方式偏粗放、质量效益不优等问题依然突出。2023 年，河南省规模以上工业企业营业收入和利润总额在全国的排名不断下

降，钢铁、化工、水泥等传统工业制成品产能过剩、低端产品过多。

3.工业制造现代化、集群化水平有待提升

河南省工业制造呈现"倒U形"走势，面临"未强先降"的困境。在《地方制造业高质量发展白皮书》中，河南省未能进入前十。同时，《中国高端制造业上市公司白皮书2022》显示，全国高端制造业上市公司数量达到2 121家，而河南省的上市企业数量仅高于江西省和山西省。在中华人民共和国工业和信息化部公布的45个国家先进制造业产业集群中，河南省无集群上榜。此外，河南省制造业分布呈现"小集中，大分散"的状态，多数企业"聚而不群"，难以形成有效的产业集群效应。河南省规模以上工业大约七成由不同市县的171个产业集聚区承载，这不利于构建企业循环式生产、产业循环式组合的低碳循环发展模式。

（二）绿色技术创新存在短板

1.科研创新能力不足

河南省在绿色发展方面的科研创新能力相对较弱。《河南社会治理发展报告（2022）》显示，河南省绿色发展质量评价等级为"一般"，大多数地市在绿色规划方面存在短板，绿色技术投入产出滞后。创新投入不足、创新平台不多、高端要素匮乏、设计创新驱动不足等现实情况表明河南省的科创实力仍有待提升。目前，河南省尚未取得国家实验室的突破，双一流高校数量有限，中科院直属机构在河南省仍为空白，高新技术企业数量虽然有所增加但整体占比仍然较低。

2.头部企业绿色竞争力有待增强

河南省的知名制造企业在行业引领度和绿色标准制定方面的参与度不高。同时，数量众多的中小型制造业企业由于创新意识、资金和能力不足，对绿色核心技术的研发、环保装备的应用、绿色发展政策的解读以及创新管理措施的

落地等方面缺乏足够的关注。这导致现有的绿色技术，如碳捕集与封存、数字减碳等在化工、材料等制造领域的应用普及度较低。

（三）绿色转型面临成本压力

先进的绿色技术在先期投资及后续设备保养方面需要较大投入。对多数企业来说，很难平衡投入与收益之间的关系，导致绿色化发展的动力不足。当前，河南省工业制造所涉及的原材料、设备、物流运输、人力资源等成本都在逐步增加，绿色资金投放量难以满足工业低碳转型的需求。绿色信贷业务的服务对象主要集中在大型企业上，中小企业难以获得足够的支持，存在结构性不平衡的问题且对接精准度较低。

（四）绿色人才支撑不足

领英发布的《2022 年全球绿色技能报告》指出，绿色技能的职位招聘规模正在快速增长但绿色人才整体规模不足。河南省在基础研究和应用研究人才方面的比例较低，特别是缺乏绿色发展领域的高精尖技术人才以及管理、营销等跨界复合型人才。此外，河南省绿色职业起步较晚，省内各大高校在相关专业课程设置方面存在不足，导致教育端与市场和绿色发展的需求脱节。

要想科学、合理、快速地解决上述问题，实现本省制造业的绿色化转型，河南省不仅要完善环境监管体系和落实绿色制造政策、加强发展资金投入和攻克绿色技术设备难关、提质发展节能环保产业和打造绿色人才队伍、拓宽绿色制造合作空间和加大环保宣传力度，还必须紧紧抓住绿色制造的发展机遇，进一步明确本省绿色制造发展方向，以创新驱动为引领，为本省制造业实现高质量发展奠定基础。

二、河南省绿色制造的发展机遇

河南省作为我国中部地区的经济大省，近年来在制造业领域取得了显著的发展成果。然而，随着全球环保意识的提升，绿色制造成为制造业转型升级的重要方向。河南省作为制造业的重要基地，发展绿色制造不仅有助于其提升产业竞争力，还能够推动其经济的可持续发展。本部分将深入探讨河南省绿色制造的发展机遇。

（一）政策扶持与引导

河南省人民政府高度重视绿色制造的发展，出台了一系列政策扶持措施，如 2023 年 1 月，河南省人民政府办公厅印发了《河南省制造业绿色低碳高质量发展三年行动计划（2023—2025 年）》（以下简称《行动计划》），为河南省绿色制造指明了方向、布置了任务、提供了保障措施；2024 年 3 月，河南省工业和信息化厅印发了《关于培育建设绿色制造业产业链群的通知》，计划在重点产业链中培育绿色制造业产业链群，擦亮河南省制造业绿色发展底色。同时，河南省人民政府还加强了对绿色制造企业的引导，鼓励企业采用先进的绿色制造技术和设备，推动绿色制造产业的发展。这些政策的出台为河南省绿色制造的发展提供了有力的保障。

（二）产业基础雄厚

河南省拥有雄厚的制造业基础，特别是在机械制造、化工、电子信息等领域具有较强的实力。这些产业在转型升级过程中，对绿色制造的需求非常旺盛。通过引入绿色制造理念和技术，这些产业可以实现更高效、更环保的生产，提升产品质量和附加值，增强市场竞争力。因此，河南省在发展绿色制造方面具有广阔的空间和巨大的潜力。

（三）市场需求持续增长

随着消费者对环保产品需求的日益增长，绿色产品市场前景更加广阔。河南省作为人口大省，消费市场庞大，对绿色产品的需求潜力巨大。同时，随着国内外环保标准的不断提高，人们对绿色产品的要求也越来越高，这为河南省绿色制造的发展带来了良好的市场机遇。

（四）生态环境优势

河南省地处我国中部地区，拥有丰富的自然资源和优美的生态环境，这为其绿色制造的发展提供了得天独厚的条件。河南省可以充分利用这些优势，发展具有地方特色的绿色制造产业，推动经济与环境的协调发展。

综上所述，河南省绿色制造的发展面临着诸多机遇。在政策扶持、产业基础、市场需求和生态环境等方面，河南省都具备发展绿色制造的潜力和优势。未来，河南省应继续加大绿色制造投入力度，加强政策引导和支持，推动绿色制造产业的快速发展，为建立健全我国绿色低碳循环发展经济体系积极贡献力量。

三、河南省绿色制造发展的路径

（一）优化制造业产业结构

河南省应全面推进传统产业的"三大改造"，深化传统产业的存量变革，加速构建绿色制造体系，坚持"绿色化"转型方向，以优质传统产业为核心，推动科技赋能增效，促进制造模式的新变革，提升传统产业发展水平，推动产业链向中高端延伸。河南省应加强企业技术改造，激发新动能，培育壮大新兴产业，使其成为经济发展的支柱。河南省还应聚焦新领域，前瞻布局未来产业，形成赛道领跑的新优势，构建以未来产业为先导、新兴产业为支柱、传统产业为基础的现代产业新体系。

（二）提升工业资源综合利用效率

河南省应积极推动高耗能制造业进行节能改造，提升其生产清洁技术水平，加强节能环保技术及装备的推广应用，实现基础制造工艺的绿色低碳化转型。加强对有害物质排放源头的处理与管控，确保高耗能制造业率先达到碳排放标准。河南省应提高工业资源综合利用水平，拓宽固体废弃物回收利用途径，推动工业废弃物的高值化、资源化利用。同时，加快建设河南工业资源综合利用示范基地，努力打造循环经济示范区，建立资源共享、废物处理的公共平台，推动河南制造业向高端绿色制造转型升级。

（三）建立并健全资源配置绿色供应链管理体系

完善的法律制度是调动企业参与绿色供应链管理工作的重要基础。河南省应通过法律手段，补齐全产业在绿色发展管理制度方面的短板，促进全产业的绿色化水平提升。同时，政府部门应加强对该项管理工作的执法监督，对管理者不依法履职等消极行为问题进行监督，并追究相应责任。

（四）激发河南省制造业绿色转型的内生动力

为激发河南省制造业绿色转型的内生动力，河南省应采取以下措施：一是完善环保配套制度，加强环保立法，通过污染物排放许可制度的完善，使制造业企业在排污时有法可依、违法必究；二是对造成环境污染的企业，严格追究其环境损害赔偿责任；三是完善绿色消费制度，随着消费者绿色消费意识的提高和绿色消费市场潜力的扩大，政府部门将完善绿色消费政策体系，保障消费者对绿色产品的消费需求；四是完善企业考核评价制度，将资源消耗、生态效益纳入河南制造业绿色发展评价体系，并加大绿色发展指标在考核评价中的比重，构建河南省制造业绿色发展的考核奖惩机制；五是鼓励企业自主创新，构建绿色制造体系，培育一流创新主体，强化省级创新龙头企业树标引领作用，鼓励制造业企业自主进行研发活动，建设一流创新平台，推进自主创新示范区提质发展，打造特色创新平台，培育创新科技力量。

参考文献

[1] 张洁梅. 现代制造业与生产性服务业互动融合发展研究：以河南省为例 [M]. 北京：中国经济出版社，2012.

[2] 黄毅敏. 河南省制造业高质量发展创新驱动路径设计与方法研究 [M]. 北京：经济管理出版社，2022.

[3] 张志娟. 基于创新驱动的河南省制造业转型升级研究 [M]. 咸阳：西北农林科技大学出版社，2018.

[4] 张占仓. 河南工业发展报告 2017 建设先进制造业强省 [M]. 北京：社会科学文献出版社，2017.

[5] 龚绍东. 河南制造 [M]. 郑州：河南人民出版社，2007.

[6] 李克. 河南省服务业发展报告：2008[M]. 郑州：河南人民出版社，2009.

[7] 周静. 我国生产性服务业与制造业的互动效应研究 [M]. 上海：上海人民出版社，2015.

[8] 程有为，王天奖. 河南通史（第 3 卷)[M]. 郑州：河南人民出版社，2005.

[9] 任小中. 先进制造技术 [M]. 北京：北京理工大学出版社，2022.

[10] 程民生，程峰，马玉臣. 古代河南经济史（下)[M]. 郑州：河南大学出版社，2012.

[11] 王富强. 魅力河南 [M]. 郑州：河南人民出版社，2006.

[12] 李凌旭 . 科技成果转化纠纷解决的检视及破解：以科技成果转化纠纷类型化为视角 [J]. 中国科技信息，2022（07）：131-133，136.

[13] 朱选功，孙艳红 . 河南省经济增长动因与经济发展方式转变研究 [M]. 北京：中国经济出版社，2014.

[14] 徐兴恩 . 未来 20 年河南产业发展研究 [M]. 郑州：河南人民出版社，2003.

[15] 李新杰，万兵 . 河南发展高层论坛 [M]. 开封：河南大学出版社，2006.

[16] 尚思宁 . 河南省制造业绿色化转型态势分析 [J]. 北方经济，2024（05）：47-50.